在共同研发设计比赛中持续获胜的 h concept

畅销2000万个杂货的设计制作方法

[日] 日经设计 编

董航 译

华中科技大学出版社
http://www.hustp.com
中国·武汉

前　言

2012年4月6日，东京藏前新开了一家名为"KONCENT"的店铺，主营杂货、生活用品以及家具。

这也是生产商 h concept 的首家直营店，他们与设计师共同研发，已经将多款热销商品推向市场。

该公司以独有品牌"+d"为主，通过设计咨询而生产出的所有产品都可以拿在手里把玩，相中后再购买。

"让设计给世界注入活力"。以此理念为原动力，他们从开始创业到现在，已经走过10年。h concept 已经成为以设计为基础平台，将设计师、生产商以及顾客紧密维系在一起。

而店铺"KONCENT"则是对这一平台的实体呈现。

即使未曾听说过 h concept 的公司名称，大家也应该见过他们推出的新奇商品，比如动物造型的发圈、桶装方便面的顶盖固定人偶、橡胶制的雨伞收纳架等，不经意间拿在手里时，总会令人心情愉悦，露出喜悦的神情。

本书将介绍这些商品诞生的背景以及畅销传奇背后的故事，同时对持续畅销全球的设计商品的策划人——h concept 的董事长名儿耶秀美的经营手法、哲学思想以及性格特征等也将进行相关探讨。

回顾 h concept 这 10 年来所走过的轨迹，在共同研发设计之外，他们还开展了设计咨询业务，不断积累着批发以及代理店等业绩，并逐渐转型为零售企业。通过从各种角度观察分析他们的成长和转变，一定能让你的眼前立体浮现出制作产品的本质之所在。

日经设计编辑部

目　录

第 1 章　h concept 的理念是什么
共同研发设计和咨询 ·· 3

第 2 章　+d 才是共同研发设计的真髓
设计师所要传达的信息 ··· 21
发圈上还有"动物造型橡胶辫绳"的设计余地 ··············· 26
"水花收伞器"改变雨伞收纳架的旧貌 ·························· 34
毕业制作展上淘到的"圆脸娃娃" ································· 38
"Cupmen"的创意让你享受泡面时光 ···························· 46
回忆名儿耶秀美董事长讲述设计师宫城壮太郎的故事 ······ 50

第 3 章　在样品集市、展示会上开拓机遇
新品发布的时机 ·· 58

第 4 章　设计咨询的妙处
设计咨询和设计是两大主轴 ··· 66
"I'm D"岩谷材料 ·· 72
"tidy"寺元 ··· 76
"hmny""CORGA"Ruboa ·· 80
"炭草花"IOT 炭 ··· 84
"こち""on the dot"MARUAI ····································· 88

"soil" ISURUGI ······92
"HO.H." HOSHO ······96
"TAKUMI" 匠工艺 ······100
"HARAC" 长谷川刃物 ······104
杉养蜂园 / 设计案例① ······108
ASKUL/ 设计案例② ······109
今治毛巾 / 设计案例③ ······110
Cookvessel/ 设计案例④ ······111
积水树脂 / 设计案例⑤ ······112
岩城家居用品 / 设计案例⑥ ······113
h concept 的设计相关案例 ······114

第 5 章　h concept 的 10 年历史
年表　2002—2012 年 ······116

第 6 章　回顾创业时
创始人 ······138

第 7 章　对话
大杉信雄 /AssistOn 店主 × 名儿耶秀美 /h concept 董事长 ······146

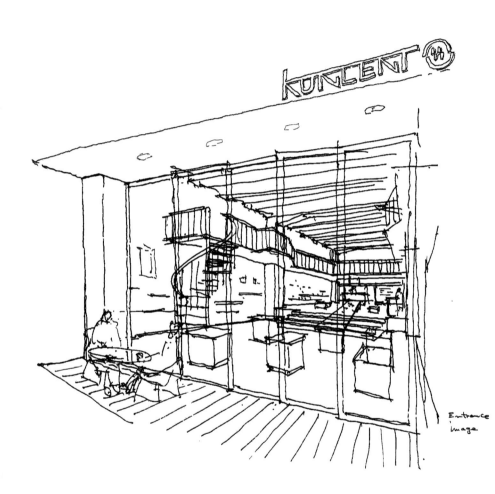
Entrance image

第 1 章

h concept 的理念是什么

h concept 究竟是个什么样的公司？

从创立之初到开设直营店"KONCENT"，10 年来，h concept 一直通过共同研发设计，在不断地为日本的设计领域注入活力。

共同研发设计和咨询

h concept 的发音是 [aʃ'kɔnsept]。Hello，happy，heart，hahaha！为什么令人心灵晴朗豁亮的词汇的首字母有很多是 h 呢？h 在法语当中的发音是 [aʃ]。

2002 年，在 h concept 创业之初，名儿耶秀美董事长就在思考"要通过设计和制作产品来给世界注入活力"。在探索如何通过设计让人们的生活更加快乐、幸福的时候，他最初着手设立的便是"让设计师充满活力"这一项目。他认真倾听设计师的想法，关注所有细节并与其共同将想法变成有形商品。卓越的设计师可以唤醒任何人的力量并将想法商品化，这就是 h concept 独有的品牌"+d"。

全世界"生长着 2000 万支以上"的"动物造型橡胶辫绳"。雨伞收纳架稍显另类，10 年间售出 15 万个以上，"水花收伞器"保持着其独有的畅销记录。减压商品和室内家居用品在销售量上往往很难有上佳的表现，但是"圆脸娃娃"却凭借其"让人不禁想要触摸"的魅力售出了 10 多万个。"Cupmen"系列颇具人气、售出 100 多万个的桶装方便面的顶盖固定人偶纯属意想不到的精妙创意。这些令人惊叹的畅销商品，全

部都来自 +d。它们无一不是通过与设计师的共同研发而付诸现实的。

h concept 的另一重要事业是设计咨询。其主要特色是，不仅仅接受企业的商品设计订单，而且要做表面性的创意。他们还会发掘企业擅长的技术以及应该进一步深化的独特性，使其与新品牌共同成长。

"+d"是与设计师共同研发的，在咨询当中，他们与企业进行设计的共同研发。这一事业取胜的关键在于该公司的准备态度，他们会从头到尾持续跟进，直到商品上市销售。店铺"KONCENT"是以创立 10 周年为契机而开设的，该实体店铺存在的目的也是为了向用户传达设计理念，不断摸索新创意、新想法并最终达成销售。

通过设计传达其含义

"KONCENT"最初是作为展示会的参展商而出现的。"开展设计咨询的企业的销售如果不能加以出售，那么设计最终也不过是以某种形状呈现出来而已。要从 0 开始衍生出 1，要将其含义传达给用户，如果接到投诉，还要即刻改正。螺旋状发展的整个过程便是设计。我们不是要向咨询对象企业介绍一、两家交易伙伴,而是要谋求系统性的发展。"(名儿耶秀美)——

这是对"KONCENT"方向性的确定。2007 年，在 mesago messefrankfurt 主办的室内装饰商材相关的样品集市"interior lifestyle"上，他们进行了 13 个品牌的联合展览。其展位的名字便是"KONCENT"。

其命名是由 h concept 的店铺负责人、销售经理中森大贵提议的。他回顾说："环顾我们周围的生活会发现，往往枢纽处会聚集很多人，由此想到这个名字。虽然不是什么时髦的英语，但是，这是任何日本人都知道的单词，这也非常符合 h concept 的理念"。在海外的展示会上，h concept 在其展位上，也会介绍一些因设计咨询而创立的品牌。

从网店到实体店

"KONCENT"从展示会展位的名字发展成为 h concept 直接运营的网店，其中刊载了设计开发的轶事、设计师访谈以及反映监测调查结果的评论等，特别是在没有店铺能够悉数阅览"+d"的所有商品的状况下，这里成了最大的对外展示窗口。除此之外，这里还会介绍以设计咨询为事业的客户的所有商品，与"+d"同样进行展卖。2008 年，在确立网店和网销的同时，他们开始以此作为咨询品牌商品的代理店，展开正式的活动。2012 年，"KONCENT"最终成长为实体店。

第 1 章　h concept 的理念是什么

名儿耶董事长一直在与员工强调"要认真思考批发商的想法"。批发商并非从事具体的销售，而是在忠实接受零售商的建议，比如什么商品怎么销售等。既然是听取，就必须直接听取零售商的卖场负责人的想法，否则毫无意义。另外，制作产品时最要考虑的是用户。只要能与用户直接沟通，就可以制作正确的产品。

从这点来看，店铺无疑是与用户直接对话的最佳场所。虽然在网络上也能够直接获得各种意见，比如"还想再要这样的功能""如果有那个颜色我就买"等，但是在实体店铺却能够接触到来自语言之外的各种反馈。

以中森经理为主的所有员工都对新店铺充满了期待。比如有人犹豫着、比较着，然后拿在手里，从不同的角度去审视，已经拿到收银台了却又还回陈列架。像这样通过语言所达不到的感触能够从店铺里获得，人们往往因为看到、摸到商品时的惊喜和感动而产生购买的欲望，所以，"+d"的商品也因此而需要配备展示于众的"场所"即店铺。"店铺还能发挥监测的作用，喜欢设计的人会来这里，路过的人也会不经意间驻足停留。检索方便的设计精选店难免会让人望而却步，我们希望把这里装点成更能够让人自然而然地走进来的空间。

不过分迷信现有的流通

中森销售经理说:"在短期的设计风潮平静之后,在国内吸引设计师生产商品的厂商从几年前开始逐渐减少。几乎没有像 h concept 这样的厂商。之所以能够保持风格、发展至今是因为有某个优势。"这就是不依赖现有流通的方法论。

名儿耶董事长从创业之初就将"不以大型流通为媒介"作为信条之一。"我们非常重视与一边思考一边开动脑筋努力销售的零售店之间的往来"——他的这种想法极为强烈。

比如,+d 当中有款名为"KUSA"的商品,其设计是在小小的不倒翁状的圆球顶部插入 1 根绿色草叶,树脂制的草叶长长地向上伸出。这既不是有具体用途的道具,也不是艺术作品,而是室内装饰杂货,其存在能够给周围带去清新的气氛。这款商品乍看上去绝对会让零售店感到不知所措,是需要认真思考才能成功出售的。

h concept 在发售这款"KUSA"时,在展示会场的画廊地板上摆设了 1000 多棵草,目的就在于让人驻足并感受其带来的安静的力量和氛围。实际上,这样的展示比起只看到包装盒中的 1 棵草而言,更能让人领略到设计的魅力。后来,用于展示的这些实物全部都 10 个、20 个地提供给零售店的卖场做陈列用，结果最终迎来这款商品的热卖。

"卖场负责人在初见这款商品时，肯定和我们的心情是一样的，比如发出'啊？！'的一声。而往往这种时候，我们会郑重地表示'这是 h concept 才能做出来的商品，请您试卖，如果售不出去，敬请退货。'常常会有商品并非是卖不出去的，而是主观意识一味认为因为难卖所以滞销。所以销售方法是非常重要的。"而往往意识到这一点的厂商是很少的。

往昔的禁锢成为全新的商业模式

上文阐述了 h concept 的设计咨询业务，通常情况下，厂商不会涉及那些可能成为竞争对手的其他公司的商品设计。而不以咨询为终点，在样品集市上介绍品牌并拓展代理店业务的模式估计别无他处可寻吧。比如，只和量贩店之间有交易往来的客户很难在专卖店开设交易账户，这种情况下，h concept 就会介入进来，协助建立即刻就能交货的模式。他们将大范围地拓展自有品牌 +d 的诀窍活用于咨询，同时，又把咨询品牌中拓展的经验带到 +d 当中。基于经验的建言和提案往往会带来较高的成功率。

名儿耶董事长认为"往昔的禁锢很有可能会成为全新的商业模式"。"在启动 +d 的时候，在日本无论是否有名，几乎没

有人会把设计师的名字明确标在商品上。在尊重匿名者的时代里，这是无法想象的。但是今天，我们会公开设计师的名字，并且标示在商品上。这既能帮助设计师，又能使商品独具个性。对于厂商来说也是同样的道理。哪里在做咨询？哪里在批发这些商品？哪里会有大批进货？我们会毫不掩饰地公开大家想知道的信息，所以在样品集市上我们会进行联合展览，在代理店里也能够闯出一片天地"。

同样的理论也适用于零售店。既然要开设店铺，那么迄至于今的设计精选店等交易伙伴不就成为竞争对手了吗——同伴意识的确会油然而生。虽说是直营店的经营，但并非意味着要终止批发业务。因为他们认为，直营店收集的关于销售方法的数据和诀窍可以提供给交易伙伴。

改变方针，不断前进

截至 2012 年 4 月，h concept 拥有员工 16 人。16 个人要处理的工作是方方面面的，从独有品牌的商品研发到设计咨询，从代理店业务到批发零售业务，另外还有每年多次的样品集市参展以及海外销售等。正因为是以各部门的经理为中心，分别持有一定权限地运营，才使得 h concept 能够屹立至今。最终决定权在名儿耶董事长，但是行动责任却在所有员工。

名儿耶董事长表示,"对于工作也好生活也好,人在习惯之后往往会产生倦怠。但是,工作如果变成例行公事就不会有什么好的结果。我希望大家都能够带着梦想和希望认真工作。"在发展公司的同时培养员工的想法之下,他们以 3 年、5 年以及 10 年为里程碑,向一个个全新的事业和领域发起了挑战。就连创业时就决定不涉及的零售业,现在也以直营店的形式加入其中。

"方针会不断地改变。决定之后就要行动,但绝不是必须一成不变的,要配合当时认为正确的想法。以前虽然认为不开设店铺,但是近年来随着与零售业界内部关系的深化,我们意识到现在早已不是相互战斗的时代,厂商通过开设直营店反而更能增进信赖,获得零售店的支持。就连认为厂商开设店铺令人匪夷所思的价值观也不复存在了。无论是生产商品的时候还是追求更高品质的时候,亦或是销售的时候,只要在所有方面追求最优方法,就不会有人报以怨言。"

实际上,直营店 KONCENT 已经制定了计划,要拓展 +d 以及设计咨询以外的商品,而且据说还有从海外大量购进的商品。跳出直营店只能销售自有产品的限制,或许就能发现新的启示。

"首先,要敢于尝试。行动之后就会明白究竟需要的是什么"。

(本页图片、第2-3页图片以及第10页图片拍自 KONCENT 直营店 摄影师:高桥宏树)

第 1 章　h concept 的理念是什么　　17

从东京·藏前走向世界

名儿耶董事长出生于东京的工商业者聚居区，是他创建了 h concept 品牌。第一家直营店选址在藏前地区。作为商人以及匠人的街区，从江户时代起，这里就非常繁荣，汇集了许多批发商，近年来则发展为从事制作产品行业的年轻创作者的聚集区。就在这里，他们迎来了创业 10 周年。

"藏前以居住者为中心，是较为古老的街区。作为设计咨询师我会往来日本全国各地，虽然常常说'要唤醒当地的居民，赋予他们活力，增强与当地人之间的联系'，但我们才是必须要让工商业者聚居区繁荣起来的中坚力量。"

颇具个性的店铺不断增加，与设计师以及匠人之间的联络网也不断扩大。汇集在 KONCENT 的人所创作的设计以及新颖的想法，将会振翅飞向世界。面向下一个 10 年，h concept 已经迈开了步伐。

第 2 章

+d 才是共同研发设计的真髓

共同研发设计所必要的,不仅仅是与设计师之间愉快的相处和创造力,还需要有充分了解产品制作现场的"执念"。

设计师所要传达的信息

"+d"是 h concept 通过与设计师共同研发制作产品的商品品牌,2002 年创业之初起就一直采用独立活跃的设计师的创意,与其共同进行商品的开发。设计除了让事物"加分",同时还有其他积极的意义,比如不同的设计还能在便利的功能之外赋予商品以价值。拿到商品的瞬间便觉得喜悦、快乐、惊奇、心灵舒畅、爱不释手等美妙感受是 +d 的特点。

h concept 的商品目录中,+d 的旁边还有一句标语,写的是"this is a message"。"设计师不仅仅将设计作为一项工作来对待,他们肯定还有一些想通过设计来表达的思想。我希望通过 +d 来传达这些想法。这个品牌需要我们倾听设计师所要传达的信息,再将其加以具体的形象呈现,从而将其推向世界"。这是名儿耶秀美董事长对 +d 的定义。

不依赖设计

在 +d 项目中,h concept 都会指名特定的设计师,而不依赖于设计。2011 年发售的大作"SYUKI",是在名儿耶董事长的强烈希望之下诞生的商品,这是特例,其他的几乎都是由设计师本人自由构思创作的。h concept 希望培育在没有制约的状态下诞生的想法和商品。

为了把创意商品化，平时还必须关注各种设计师的活动。有些创意虽然在设计大赛中获奖却没有商品化，对于这些设计，只要加以琢磨推敲就能成为宝石。为了寻获至宝，名儿耶董事长总是行走于各种样品集市、个展以及大学的特别讲座等。

而另一种较为常见的则是设计师主动联系。实际上，在 h concept 的官网上就醒目地标示着募集创意的字样——"您是否愿意与 h concept 共同将创意付诸于有形产品呢？""请随时联系，沟通一下吧"，这句令人放松戒备心的广告语之后的联系方式，是专门用于接受提案的邮件地址。开发部门会整理通过邮件接收的候选创意，并发给公司内部全体员工传阅，由大家进行评论。无论是工作立场上的感想还是个人的兴趣偏好等，各种评论均可，让全体员工充分了解候选创意，再做出判断针对哪一个进行开发，因为决策时往往会认为已掌握的现状是非常重要的事实依据。他们总是时刻做好准备，将接受设计师创意的窗口保持在开启状态。

现在，担当 +d 开发的员工有 3 人。在决定商品化的前一阶段，首先在公司内部传阅候选的创意，然后由包括名儿耶秀美董事长在内的开发团队成员展开研讨会议。这是为了在名儿耶秀美董事长下达最终决定之前,确认是否有所疏漏。

"以制作方法和暂定价格为中心,针对实际上是否能够得以推进来做反复研讨。除此之外,为了共享信息,销售、开发、设计小组成员会每周召开一次进度确认会议。不能任由开发随意制作产品,并命令销售'快点卖出去',我们认为 +d 的商品必须由全员共同把握、携手推进,这是非常重要的。"

但是,设计并非是通过少数服从多数的形式来加以判断决定的。名儿耶秀美董事长总是教导大家,无论是 h concept 的哪位员工认为这个创意不错,都应该稍加俯视并环顾周围。"生活者(消费者)的视角是大家都具备的。即便如此,但是真的愿意付钱去购买吗?所以必须要有洞穿设计魅力的判断力,这是市场营销当中所无法测算的。"

越是萧条的时候越要制作高难度的商品

他们会结合每年要参加的国内外样品集市的时间计划新品的发布。当然还要考虑到展位的空间结构等因素,但是对新品的数量不做特别计划,开发期间约为一年,也有两年以上等较长的时间。在决定一年之内的方向性时,担当开发的鹤田经理表示,"我们认为萧条是机遇。不景气之后势必会有好转,如果在状况好转时,h concept 没有能够饱含自信地推向市场的商品,那肯定是不行的,所以越是萧条的时候我们越是注重制作。我们也会考虑萧条的时候比较容易推行的商品的制作。"因为那些萧条之下失去订单的工厂会在这个时候拼尽全力去从事开发。对于工厂来说,+d 的商品有很多是他们从未经历过、需要较难工艺的,而且还颇费工时。所以景气良好时,往往容易被往后拖延,但是萧条时却会被认为是救命稻草而努力配合做好。

+d 有很多以硅胶和塑料为素材的树脂成型商品。这些是名儿耶董事长颇擅使用的素材,也是长期合作的工厂能够制作的材料。最近,玻璃以及木材等素材相异的商品也逐渐增加。因为对设计师的创意不做限定,所以开拓新素材和工厂也是开发小组的工作之一。

基本上,h concept 的商品都是在国内生产的。只不过,有的国内制造方开始将工厂移至海外,所以有些商品也会在海外制作。在设计较为复杂的情况下,成本也会高出许多,所以除了单纯的价格交涉之外,还要请工厂车间的工人们协助思考如何才能在控制成本的前提下完成产品预期的形状等。通过这些工作,就能够在不改变设计而在改进制作方法的过程中解决问题。现在,+d 的商品大约是在 60 家工厂里分别制作的。

不是设计费而是版权合同

无论有名与否，+d 都会公开商品的设计师姓名甚至照片。这并非是哗众取宠求热卖，而是希望用户能够将商品理解成设计师的"作品"以及心声的反映从而爱惜地长期加以使用。

+d 与设计师不以商品件数计算设计费，而是签订合同，按照销售额支付版权费，这样的做法在生活用品以及杂货的厂商当中是较为少见的。阶段性畅销并达成销售目标则下架换上其他商品，这是通常的品牌战略，而他们的做法是与之相异的。正因为畅销所以更要持续生产，设计师也要得到相应的报酬。版权费以工厂发货价格的 3% 为基准，当设计师还是学生时，作为"学生折扣"给予其 2%，当因为接到新颖订单而控制成本进行制作时则是 1%，每半期支付一次。

其中也有停售的商品。当一年的制造批量在一年之内无法售完时，就要停止生产，如果接到新单订单再重新开始生产，所以不进行"撤销编号"处理。为了应对技术提升、发现新素材等情况，也要做出产品再生产的准备。

发圈上还有"动物造型橡胶辫绳"的设计余地
设计 / 羽根田正宪、大桥由三子（passkey design）

"动物造型橡胶辫绳"大大改变了发圈的价值观，这是 passkey design 的羽根田正宪、大桥由三子两位设计师为参加设计大赛而构思的创意。他们的专业是照明以及医疗机器等的操作界面设计，但是却在与专业无关的情况下，以这款作品参加了第一次旗牌新商品设计大赛（2000年）并荣获第2名。

其理念正是"爱不释手且长期使用的发圈"。现有的发圈多数存在廉价且容易大量消费的缺点，而且大小不同的尺寸往往难以区分，但动物造型的创意却解决了这个问题。从物理角度上，为了尽量不破坏最强韧的圆的形状而采取侧看如一笔画构成的动物造型加以表现，并且让动物的大小差异与发圈的尺寸成比例。即老鼠是小发圈，大象是大发圈，以此加以辨别。

大桥设计师表示，"并非不假思索地做出河马的造型，比如拿到麋鹿发圈时，希望用户能够认为'真是不错'并且感到快乐。为了唤醒这种感觉，发圈就不能使用抽象的形态。发圈断掉时会在心里感到惋惜等，设计出令人移入感情的造型是非常重要的。"而如果造型的变幻向星星、桃心等形状发散,就背离了原来的主旨。

"+d"品牌的第 1 号商品

比赛后,包括作品的商品化在内的各项权利为旗牌所持有,在权利刚刚收回时,他们就在设立不久的 h concept 开辟了量产化的道路。将这一创意介绍过来的正是在同一比赛中荣获第一名的设计师市村重德。在厂商的室内设计师时代,他曾与名儿耶秀美董事长共同设计出硅胶制的"小猪锅盖"等,当时又促成了动物造型的发圈和 h concept 之间的缘分。

名儿耶董事长迅速与 passkey design 共同展开了商品化的进程。他们将比赛中使用的天然橡胶素材换成了更具耐久性且颜色鲜艳的硅胶材质,并且把因动物不同则尺寸不同的特点加以改善,选定了大家都熟悉的 6 种动物并投入生产。

但是,首次量产很快就出现了问题,生产出来的发圈非常容易折断。这是在大量生产开始之后才发现的不足,然而不修改成型用的模具,发圈的缺陷就不能得到改善。他们悉数收回了原定发货的商品并加以废弃处理,推迟了交货日期。通过将局部加粗增强了发圈的强度,并且微妙的线性动感使动物看上去更加栩栩如生,带来了形象逼真的效果。+d 品牌的第一号

Animal Rubber Band   Silicone Rubber Band

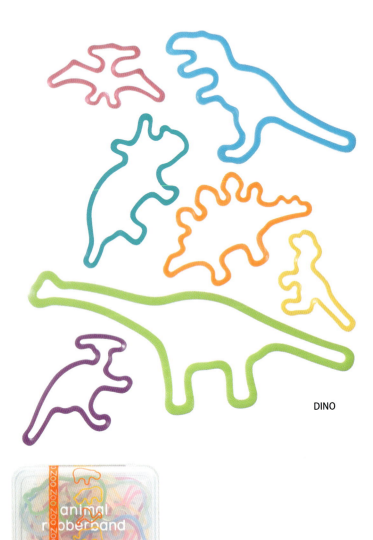

DINO

Zoo

第 2 章 +d 才是共同研发设计的真髓 29

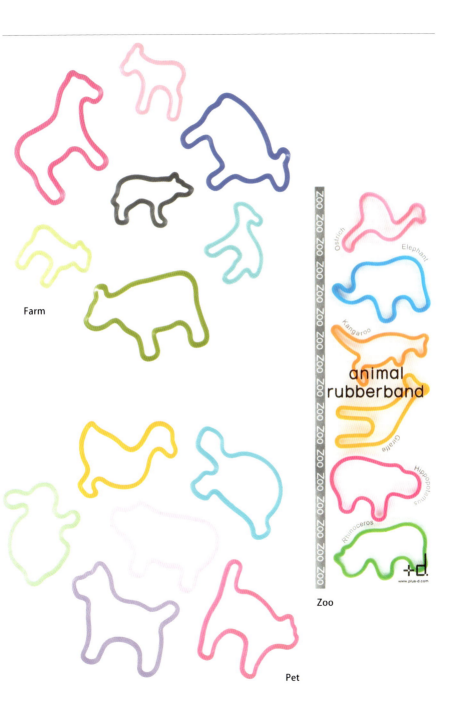

商品就是这样诞生的。

首批采购动物造型橡胶辫绳的是海外的博物馆商店,特别是 MoMA(纽约近代美术馆)的设计工作室的率先采购而增加了媒体报道的机会。而令 h concept 的销售员大伤脑筋的却是国内的美术馆和设计精选店,他们判断该商品的形象性过强,作为发圈来使用价格过高。然而随着国内个性零售店的关注日益增加,其人气也最终得以急速上升。

原创最终会胜出

在汇集动物园中的大型动物的"ZU"系列以及汇集饲养动物的"宠物"系列中,无论哪种动物,其尺寸都是相同的。动物的大小要和发圈的大小相吻合的最初理念,在商品化的阶段发生了变更。虽然从动物的种类来说,商品多样性在增加其魅力指数的方向上得到了推进,但是,终究还是想通过发圈来表现其大小的关系性。因此,在以前的系列之外,又以恐龙这一当今不复存在的动物为主题,于 2007 年发售了"DINO",使根据化石推测的恐龙大小与发圈尺寸成比例。考虑到强度问题,他们还改变了硅胶的粗细。另外,2010 年发售的"FARM"还特意设定了动物亲子之间的大小区别。

反复使用时,发圈会变得松弛。对此,设计师羽根田表示,"即使稍有变形,也依然有用户能够从中感到乐趣。""购买的用户来信说,'太喜欢大象造型了,所以反复使用,结果大象长大了'。他表达的是在发圈变得松弛时也依然能够自得其乐,同时我也意识到,动物即使长大也必须仍然保持动物的造型。"

在动物的形状和颜色方面,即使 h concept 公司内部强烈提议,但最终还是更多地会尊重 passkey design 的意思。在这一点上,两位设计师在惊讶于名儿耶董事长"追根究底"的同时,也会"因为设计本身就是道理之所在"而使创意符合情理,这是他们的做事风格。

如本书的标题所示,因在全球售出 2000 万个人气商品的成果而感到喜悦的同时,他们也感到一丝危惧——如果大量生产并被消费的话,就会沦为与传统发圈同样的存在物。现在,在思考可持续系列的同时,他们也在审查创意,贯彻蕴含深意的理念,这也是设计师的职责所在。

因为只能在国内取得创作权,所以世界范围内出现的山寨商品令他们无暇应对。虽然山寨品的销售额超过原创的情况并不少见,但是 MoMA 设计店铺却能够理解其理念。作为零售店,他们保证说只采购正版的动物造型橡胶辫绳。

SPLASH Umbrella Stand

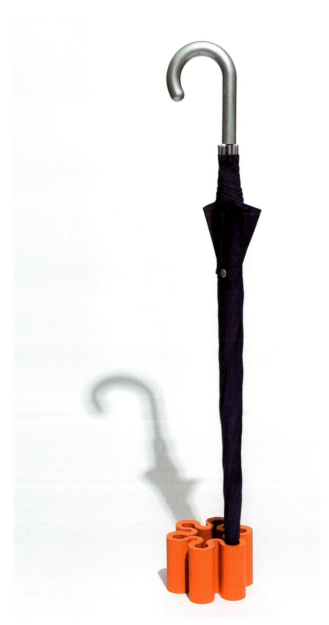

standard

mini

"水花收伞器"改变雨伞收纳架的旧貌

设计 / 浅野泰弘（浅野设计研究所）

浅野泰弘设计的"水花收伞器"是"富山商品设计大赛"的竞赛作品，该比赛以在全国首次商品化为前提而设立。以适用富山市或者高冈市地缘产业的产品制作为主题，2002年荣获"富山设计奖"的是水花收伞器的前身"将淋湿的雨伞和干燥的雨伞分别收纳的收伞器"。用铝或者锡等金属进行制作是其最初的想法，从上方俯视就像溅开的水花一般，这已经具备了水花收伞器的雏形。然而获奖之后，因为其高度25cm且是金属制，锥形部分（成型时必须的锥度）会分别向上下两个方向张开，最终被判定为通过模具无法实现量产。结果，由于在富山县内找不到可以生产的厂商，该设计的商品化道路一度终止。

而这个时候出现的正是刚刚设立 h concept 的名儿耶董事长。他在浅野的事务所偶然发现这款获奖作品时，灵机一动，认为如果将其素材变为橡胶，或许可以实现量产。如果不用金属而用橡胶，那么充入后即使稍有变形也能从模具当中抽离出来。他根据自己的经验意识到这一点后提出了商品化的建议。

成型取决于匠人的手工作业

既然决定改为橡胶材质,则理所当然要对形状进行修正。不仅仅是调整高度,还要把原本 8 个伸出的部分改为 3 个,或者尝试排成横列的形状等,在对设计进行大幅修改的同时不断摸索探讨。考虑到重量平衡的问题,最终决定在同一圆面上配置 6 个伸出部分。为了让水滴沿着雨伞顺畅流下去并积存在中间,则向内侧微微倾斜地设置了边缘线;而为了使较细的雨伞也能固定住其前端,则在底面上设置了凹陷。不仅仅是在图纸上,在制作模具的过程中,名儿耶董事长和浅野设计师不断切磋琢磨,不断改进,推动着设计的商品化进程。

最终,由大赛的获奖作品大幅进化而来的水花收伞器,确定为粉饼盒的形状,其高度不到 10cm,可以收纳 10 多把雨伞。虽说如此,橡胶成型方面依然是个难题。最初的试制显示,橡胶素材不能充分到达模具的角落位置,如果勉强牵引过去则会破坏其形状,使得能工巧匠们颇感棘手。通过反复试制作业,就在大家认为在 10cm 的高度之下,不可能让橡胶在保持没有锥度的垂直形状之下成型的时候,由于模具的适应性,产品却最终得以从模具上顺利剥离。

设计师浅野表示,"即便如此,这样的成型也依然差强人意。

是不是要通过蛮力从模具上剥离橡胶呢？工厂曾经表示，因为这项作业，工人们累得腰肩酸痛，纷纷要求辞职，长此以往我们也不想再接这样的订单了。把现在的商品翻过来看底部就能发现，成型时因为按压而留下的模具痕迹依然清晰可见，这是因为从模具上剥离抽出的方法造成过重负荷而无法顺利推进程序留下的痕迹。实际上，我们对模具也进行了修改。"

并非是从模具上顺利剥离就算完成，还要通过手工作业去逐一擦拭表面上残留的油污，清理干净后再进行捆包处理。虽说是一体成型的橡胶制品，但却无法通过流水线作业实现量产，必须另加手工才能完成。因此，现在也最多只能达到每天生产100个的程度。

试制品在海外大获好评

2003年4月，浅野首次对外公开水花收伞器，而这次机遇则是每年在意大利举办的世界最大规模的家具样品集市，具体是在通称为"米兰家具展"的青年展览区域"卫星会场"。在与其他设计师组成团队"POLY-SITE"共同参展的展区内，陈设着刚刚完成的试制品，未料却收到"马上就想要"的良好反馈。比如，意大利的人气服装品牌FIORUCCI(现为EDWIN资本)的现地总经理对其一见倾心，在展期结束后买走5个用于展示的试制品。浅野回忆说，回国时看着变轻的行李,切实感受到了公众的评价。

"市场上的主流收伞器,多是陶瓷制的大壶形状或是不锈钢制的高架形状。但是这个小小的收伞器却能够充分承载其功能,而且橡胶的质感也让人在视觉上感到悦目。可以在店铺里购买并带回家的收伞器——这种感觉应该是很新奇吧。"

收伞器是特例的畅销品

发售初期的颜色确定为黑色、灰色、蓝色、红色、橙色这5种颜色。2005年秋天,配合室内装饰的需求作为新增颜色又添加了白色、咖啡色、粉红色、黄绿色、紫色、黄色等(2012年时有6色)。

2009年,全新发售了"迷你水花收伞器"。底面积缩减了70%而高度不变,底部厚度增加以加强其稳定性,伸出部分保持6个不变,实现了收伞器的小型化。重量也从原来的1.3kg变为现在的900g,实现了轻量化。共有7色的多色设计,新增了玫瑰色、蓝绿色等流行色,其用途也向收伞器以外的功能发散,可放在桌上用作笔筒或者花瓶等。两种款式合计下来,每年的平均销售数量约为2万个。在发售至今的10年里,一直都是人气商品,累计销售个数超过15万个。今年,小型收伞器的市场份额不断增加,显然,这也是受到了水花收伞器的影响。

毕业制作展上淘到的"圆脸娃娃"

设计 / 吉田磨希子

设计精湛的道具不能只做到具备视觉可见的便利功能，带着感情投入其中也是设计的重大要素之一。"圆脸娃娃"正是将内心诉求的存在感加以设计而呈现出来的商品。

设计师吉田磨希子有一天收到邮件，问她"有兴趣试试商品化吗？"名儿耶秀美董事长在东京艺术大学美术学部设计科的毕业制作展上看到了吉田的作品，他意识到可以此作为 +d 品牌的商品，并直接与其取得了联系。

设计师本人制作原型

毕业制作展上的作品，是以"让表情传达心声"为理念而提出的沟通道具提案。放在透明塑胶筒中，贴在一面墙壁上的"圆脸"的表情多达 30 种，如果将其作为商品加以出售的话呢——不得不说这是个大胆的构思。吉田接受了名儿耶董事长基于直觉所发出的的邀请，并决定与 h concept 共同投入商品化的努力之中。

圆脸娃娃的魅力在于面部的表情和把玩在手时的心灵体验

感。首先，为了让用户通过一次性发售多种表情体验选择的乐趣，他们选择了"喜怒哀乐"作为关键词。除了简单的素描之外，吉田在造型构思的时候想到，要使用树脂粘土把"喜怒哀乐"分别置换成"哈哈""吼吼""唉唉""嘿嘿"的表情，并以自己的表情为原型对照镜子进行塑造就这样形成了圆脸娃娃的模具原型。

吉田回忆说，"素材和毕业制作时相同，采用了树脂，做法也完全相同。表情是重新进行了修改，原本我以为即使是商品化也不能大卖热卖，所以开始也没有什么干劲……我是在名儿耶先生的鼓励下完成这个项目的。"像艺术作品、像玩具、没有明确用途、令人不可思议的产品却实现了在全球售出10万个以上的成绩。

握在手里时所感受到的内在弹性，是因为聚亚安酯树脂的存在。这种树脂通常被用于弹性衬垫等材料中，几乎没有将其直接做成产品的先例。而圆脸娃娃在眼睛、鼻子以及嘴巴处的细微制作，也是其亮点之所在。活用树脂倒入模具使之成型的步骤是要靠手工作业来完成的，难度很大。而且，刚从模具中取出来的产品表面比较黏腻，每个都需要用精制粉或者婴儿爽身粉进行擦拭，使其变得干爽洁净。发售初期，每天生产50个已经是极限。虽说如此，但是如果有20天就

CAOMARU Object

White / Brown

Green Pepper / Tomato / Eggplant

可以生产 1000 个，那么假以时日就能有相当的产量，未料这样的预测却是天真的误算。

2004 年发售的圆脸娃娃是白色，而白色易脏，污渍易见，因此 2007 年又发售了咖啡色。2011 年，作为第二季发售了蔬菜系列。

对颜色和细节造型不做妥协

受到续编邀约的吉田设计师再次以圆脸娃娃为原型提案，创作了圆脸娃娃蔬菜系列的"茄子""青椒"和"西红柿"，将蔬菜拟人化的想法变成了轻巧的卡通形象，虽然也曾担心是否会沦为普通常见的商品，但是传承了圆脸娃娃的丰富表情和造型，却在蔬菜系列身上也得到了淋漓尽致的发挥。

"每周我们都会收到宅送蔬菜，所以这个想法是来自日常生活。跟大家商量之前，我做了 3 种原型，拿去给大家看时，名儿耶先生当机立断'这不是很好么？就按这个来吧！'。没有任何修改就迅速展开了商品化，我也觉得很吃惊。"蔬菜没有"喜怒哀乐"，因此要按照想象的"性格"来塑造表情。比如，西红柿就是"爱撒娇的西红柿宝贝，总是很可爱，而且能够给周围带来开朗欢快的气氛"。而茄子则是"看心情做事派"，青椒是"略显顽固派"。这样的复制也是由吉田本人创作的。为了与先前的白色、咖啡色的作品形成对比，使用了浓重的色调，同时也增加了蔬菜的形象化。在调出令人满意的颜色之前，她进行了多次试制。另外，与先前相比，除面部表情之外，蔬菜的花萼等细节部分较多，成型是颇费工夫的。有的部分没能充入树脂而直接保持了留空的状态，有的部分则漏入了气泡等，在不断战胜失败的过程中，商品化最终得以实现。在 3 种蔬菜当中，西红柿是最具人气的。

心灵的感觉发挥着作用

虽然是没有明确用途的道具，但是其独特的手感，却让圆脸娃娃能以减压和转换心情等作为宣传语。与具有明确使用目的并符合人体工学的道具不同，温和的亲切感是其独具人气的魅力所在。

吉田说，"触摸在手里时心灵的感觉就是圆脸娃娃的作用。虽然不是室内装饰品，但是自然地陈设在时尚的房间里时，就能够成为一款商品，我切身感受到了它的不可思议。" "h concept 的主题是希望给生活带来欢乐，或许这也是让圆脸娃娃这样的商品加入的原因。"

CUPMEN   Waiting for your instant noodles

Cupmen 1 Hold on

Cup(wo)men 3 Cheerful

Cupmen 2 Relax

Cupmen 4 Twins

"Cupmen"的创意让你享受泡面时光

设计 / 马渕晃(马渕设计工作室)

"Cupmen"会在泡面的等待时光里帮你紧紧按住顶盖,他的造型相当滑稽幽默。其素材是硅胶,会产生热反应,从手指尖开始逐渐变成白色,对方便面泡好的时间控制得恰如其分,实在令人不可思议。2009年发售后迅速汇集人气,在对造型和材质进行改良后,现在已经形成4个品种的系列产品。

设计师马渕晃当时还是大型建筑设计事务所的员工,他希望将自己的产品设计成有形商品,并且酝酿着好几个创意。Cupmen就是其中之一,以"力量"为主题的素描,绘出了生活空间里要按住并施以外力的物品的想法,最终得以实现其商品化。

功能只要1个就足够

从一开始,马渕就强烈希望能够在h concept将想法商品化。那时,名儿耶秀美董事长因为"动物造型橡胶辫绳"、"水花收伞器"等热销商品在设计界已赫赫有名,几乎无人不知,马渕一直在寻找自荐的机会。虽然他把几种设计整理成演示文件邮寄了过去，但是杳无回音，再继续等待也不是办法，于是他直接将创意送到了 h concept 的展示会场。那是 2008 年秋天，在都内举行的活动"DESIGNTIDE"的现场。

"我带了 4 个作品过去，在现场马上得到了确认。乍看上去，对方表示'啊，这个没什么意思啊，不行'……但是，他却对我一直认为是可有可无的 Cupmen 的创意表现出了兴趣——'这个虽然简单，但是很有意思！这是什么啊？稍加精琢后再拿来探讨一下吧'，于是我马上开始了其模型的制作"。

最初，马渊通过切削泡沫聚苯乙烯材料而制作的模型棱角明显，整体呈现出一种悲壮感。原来的设计是将人偶的背部作为筷架，但是名儿耶董事长建议"一种商品没必要具备两种功能。与其那样，不如改变其造型，让人看上去好像在承受痛苦一般"，所以为了塑造人偶的逼真形象，我尝试用树脂粘土制作模型，并在试行错误之后明确了其固定桶装方便面顶盖的这一项功能。

h concept 会开展普通监测调查。为了听取发售前商品的使用感，或者对已经发售的商品进行多色修改等而实施相关调查，Cupmen 还处在试制阶段时也接受了此项监测调查，同时，h concept 公司内部也进行了全员传阅，并将大家的意见最终反映在商品化中。除了马渊之外，包括担当开发的鹤田泰明经理在内的全体员工都在苦苦思索，探讨恰当的制作方法和销售方法。因为Cupmen是市场上前所未有过的新颖商品，哪种形式容易让人接受，哪个才是正解，对此，大家都没有确信。

在多次经历作品形状进行改良的过程，最终形成了圆润光滑、线条柔和的树脂制人偶造型。另外，为了突出固定方便面桶的顶盖效果，在树脂中加入示温墨水的想法也应运而生。最初的构想中没有这一项，将温度变化以颜色变化实现视觉效果的特殊墨水，是鹤田经理费尽心思才找到的。开始使用的素材无法按照预期的构想制作，原定参加2009年6月的样品集市"interior lifestyle"的计划也因为无法完美呈现温度变化所带来的颜色变化的效果而最终延期。同年10月，在h concept举办的个展会场上，对这款商品进行了盛大的新闻发布会。

将最初的想法系列化

商品发售后，其人气迅速飙升。室内装饰精选店"SEMPRE"2009年12月首次进货的250个瞬间就销售殆尽，后来一直都处在暂无库存的状态。840日元的价格也经济实惠，据说作为礼物而大量购买的消费者不在少数。半年后，他们决定实施"Cupmen2"的商品化。

2010 年 6 月，采用同样素材的 Cupmen2，从最初 3 种提案当中选取了 1 种造型，改变了外观并开始发售。同年 10 月，留着女性发型、穿着短裙的 Cupmen3 开始发售。2011 年，Cupmen4 的双胞胎隆重上市。其变化在于，以 2 个为一对，用具有伸缩性的树脂取代了示温墨水。

商品的知名度提高后，企业定制品的邀约也逐渐增加。特别是医疗相关单位希望能够在 Cupmen 的后背印上药品名称作为特别商品发售，除此之外还有游戏中心用于电动抓娃娃机的订单等。因为生产一定数量时必须极力控制其单价，所以在这种订制品上面，对设计师收取的版权费的设定是比较低廉的。迄今为止，包括特别订单品在内，Cupmen 累计售出近 100 万个。

马渕表示，"即便是初次见面的设计师，名儿耶先生也能在认定这款创意的同时，拍板决定将其商品化，这被称为'名儿耶魔力'。他会对试制品、模具费、开发费等统统买单，对此我很感激。另外，h concept 全员掌握开发中的商品的现状，这一点也是与其他公司所不同的。"在方便面泡好之前的短短数分钟等待时间里让人获得快乐，这种创意本身就是设计。

回忆 ● **名儿耶秀美董事长讲述**

设计师 **宫城壮太郎** 的故事

第一次遇到宫城壮太郎的时候，我才 26 岁。

大学毕业后我进入高岛屋工作，后来回到家族企业即刷子厂 MARNA，那时候我一直在想如何在塑料成型的环节中加入设计元素。当时，MARNA 产品当中最为畅销的是马桶刷，其造型简洁，在水管上安装有防滑脚的筒里插着简易的刷子。但我却认为，既然这样都能卖得很好，那么如果再稍加设计和改变造型岂不是锦上添花?!

虽说如此，我却没有想清楚具体要做何种设计。后来我尝试与产品设计师共同进行此类研发，就在这时朋友介绍我认识了宫城先生。当时，他还在浜野商品研究所工作。

很快我就去拜访了他，结果对方却表示，"什么？马桶刷？我根本就没想把打扫马桶用的工具放在厕所里啊。"顿时，我感到无比沮丧。

但是，开始时就毫不客气地直抒己见，采取令对方怒火中烧的做法，原本就是宫城先生的做派。我也是纯粹地心生怒气而已，未料他却接着说，"不是有在长棍的顶端'啪'地变出花朵的魔术吗？马桶刷要能做成那样不就行了吗？不用的时候只要把长棍立在角落就行。"当时，我有些想退缩，"这个实现不了啊"，但是他在设计之前首先思考事物本质这一点，却给我留下了深刻的印象。

后来，我得知宫城先生离开浜研而独立创业时，马上前去拜会并发出邀请——"我想制作牙刷"。

MARNA 并非大型公司，不签订什么版权费合同，设计费也相当低廉，只有少许预算。可是，宫城先生却爽快地答应了我并完成了"Pitat"。头部较小，拿着方便，设计精美，以颜色区分全家人各自的牙刷。后来，还邀请他设计了多层调味料罐"Kasane-jozu"。

我离开 MARNA 而独立创业的时候也颇感迷茫，能够交心的也不过两个人，其中便有宫城先生。他说"没关系的"，并且给了我坚强的后盾和支持。

h concept 成立后，他最先给予了我莫大的帮助。他把我强烈推荐给自己担任顾问的 ASKUL 的岩田彰一郎社长，实际上，注册商标"ASKUL 超人"的树脂成型制作，是 h concept 接到的第一份订单。

因为在今治市的工作关系，我也有机会携手宫城先生共同举办讲演会。宫城先生的讲演非常精彩，常常令我听得入迷！

已故宫城壮太郎和名儿耶董事长的作品

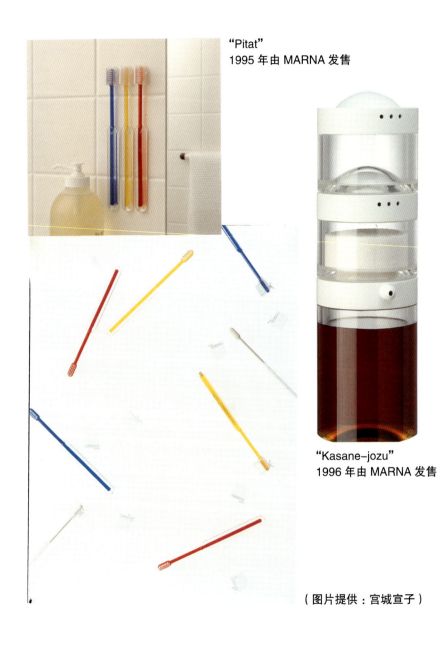

"Pitat"
1995 年由 MARNA 发售

"Kasane-jozu"
1996 年由 MARNA 发售

(图片提供:宫城宣子)

第 2 章　+d 才是共同研发设计的真髓　53

追悼 ● 名儿耶秀美董事长讲述设计师宫城壮太郎的故事

"ASKUL 超人"
2002 年为 ASKUL 制作（logo 标识设计 / 有泽真太郎）

"Tsun Tsun"
2004 年由 h concept 的 "+d" 发售（共同设计 / 高桥美礼）

"hmny"
2006 年由 Ruboa 发售（制作 /h concept）

追悼 ◉ 名儿耶秀美董事长讲述设计师宫城壮太郎的故事

他能够非常巧妙地处理好以前的设计咨询的案例和让听众还想再深入聆听的讲演的内容，而这些资料都是他事前认真整理好的案例。

他既是年长我 7 岁的人生之师，又是难得的酒友。在每年举办的宫城设计事务所的聚会"bar MIYAGI"上，我都能结识众多设计师以及设计界相关人士，这是非常难得的财富和机会。宫城先生也总是在串起人与人之间联系的纽带的同时，充满活力地享受着他的设计生涯。

他的离去非常令人惋惜。他与 h concept 最后合作的设计作品便是其新作"hmny casual"。即使身卧病榻，他也坚持帮我们监修确认试制品，并叮嘱"内侧要用银色哦。很好，就这个！"即使是现在，在工作当中，我也依然会想到如果换做是宫城先生，可能他会发表这样的见解，或者在这里会有意见的碰撞和交锋。

我和宫城先生之间早已超越了厂商和设计师之间的普通关系。他对于我来说，既是我所尊敬的兄长，又是我亲密的朋友。我认为我们的心是紧紧联系在一起的。

第 3 章

在样品集市、展示会上开拓机遇

　　h concept 通常会选择在国内外的样品集市以及展示会上进行商品的发布。

　　依据什么基准参加哪种样品集市？当时所需要做的努力是什么？

　　让我们一起来回顾这 10 年的参展经历。

2009年6月 "interior lifestyle"

新品发布的时机

　　h concept 会选择在国内外设计相关样品集市以及展示会场进行新品的发布。假定一名销售人员每天可以走访 3 家新客户,那么,每年 200 个工作日里最多也只能走访 600 家。而通过参加大型样品集市,却可以在展期当中与大约 1500 人交换名片,作为销售渠道来说是非常重要的机会。"选择汇聚优秀设计、资深买家参加的样品集市来参展",这是名儿耶秀美董事长从设立公司之初就一直坚持至今的做法。

　　2002 年刚刚完工的"动物造型橡胶辫绳"的首次公开亮相,便选在美国的"纽约国际消费性礼品展览会 NYIGF"的会场。其独特的设计赢得了 MoMA 设计店铺的买手的青睐,并由此迎来了它的第一位顾客,后来还参加了英国伦敦的"100% DESIGN"、德国法兰克福的"春季消费品博览会"、法国巴黎的"家居装饰展 MAISON&OBJET"等世界性国际规模的样品集市的展出,在开拓交易伙伴的同时,提高了商品和品牌的知名度。

MoMA 设计店铺:纽约近代美术馆(MoMA)的博物馆商店。以美术以及设计相关的图书、海报、明信片为主,销售全球的优秀设计商品。精选由 MoMA 的建筑·设计部门监修。

在国内,他们每年也同样要参加多次样品集市和个展,主要借此场所进行新品的发布。实际上,国内的展示稍微滞后于国外,h concept 首次独立在大型样品集市设置展位并参加展览是在 2006 年的"interior lifestyle"(以下简称 IL)。

从 1 个展位开始起步

从 2004 年起,在 mesago messefrankfurt 主办的"IL"上,他们开始在 JHI(日本家庭用品进口协会)联合展位内租用一个展位(约 9 平方米)进行展出。2006 年,该展示会专设"cool"特区,用于汇集设计性以及交易性较强的产品。次年,他们便开始在这片区域上参加展出。

2007 年,他们首次使用"KONCENT"的名字,并租用了 200 多平方米的展位。2008 年,他们在展位内设置巨大的 L 形吧台,为来参展者提供饮品,以这种"接待客人"的感觉进行的展示备受众人瞩目。

mesago messefrankfurt 的梶原靖志社长回忆说,"特别是在 2004 年到 2008 年期间,IL 一路繁荣发展,他们迅速成长的形

2008 年 10 月 "DESIGNTIDE TOKYO"

2010年10月 "DESIGNTIDE TOKYO"

势是那一时期的象征。"

持有共通的目的

开始使用 KONCENT 这个名字,是出于想要与"+d"同等地介绍他们作为设计咨询企业所涉及的商品的用意。室内装饰专业的买手会大量汇集在 IL 展示会上,这里也正是 h concept 的设计平台之所在,是多元展示从杂货以外的日用品到办公用品等各种商品的最佳场所。

mesago messefrankfurt 的梶原社长对扮演着设计策划角色的名儿耶董事长给予了"站在新位置"的评价。他认为,"作为设计策划人要联络起各个方面,不仅要拿出高品质的设计,还要做好销售方面的工作。我认为制作产品的人和设计师之间是有一种信赖关系的。如果只做方向性的部署而把后续工作甩给厂商的话,咨询事业是无法长期进行的。名儿耶先生没有采取这样的做法。他虽然是厂商经营者,但是却把让优秀设计问世的目标放在首位,因此也会有效地对 IL 这样的集会加以活用。"

2009 年 10 月 "DESIGNTIDE TOKYO"

名儿耶董事长也认为，"希望整个会场最终取得相乘效果。即使是作为参展商，从让样品集市繁荣发展这一点来考虑的话，在场的嘉宾都是伙伴。只有带着共通的目的共同行动起来，才能够取得共赢和成功。"2010年，以传统限高的解禁为契机，他们策划了6米高的展位。2011年,在不触犯消防法的前提下，他们赶工完成了展位的空间设计，对整体进行了墙面覆盖。可以说，h concept 的展位已经成为样品集市上的明星企划。

但是，随着规模日益扩大，设计咨询方的客户企业的参展费等负担也不断加重。为了赢得大家的理解，每次名儿耶董事长都会准备好设计图、模型、空间设计的素描等，对全员进行公开发表。"如果只是自得其乐，是不会带来什么结果的。"也许是因为他的这种姿态所传达的真诚，就连对手企业也与他们结成了良好的关系，能够与之共同分享样品集市以及展示会等机会。

2008年开始，他们就坚持参加秋季举办的"IFFT/interior lifestyle"，增加了新品发布的场所。现在，虽然在展位上没有明确标示 KONCENT 的招牌，但是作为共同研发设计的 +d 商

2010年10月"DESIGNTIDE TOKYO"

品，以及通过设计咨询成为代理店的企业的各品牌商品的并列展区，却丝毫没有任何动摇和改变。

展示会上也要宣传品牌

与此同时，他们还参加了2005年11月在神宫外苑绘画馆前的特设区域举办的"100%design·Tokyo"活动。从2007年开始，他们以参加秋季设计周期间举办的"DESIGNTIDE"的形式，在表参道的画廊"LIGHT BOX STUDIO"举办个展。展览期间，来宾可以随意进入参观，因此这也是宣传+d商品品牌的阵地，每年他们都会在空间设计方面确立主题且仔细推敲。

而从2011年开始，他们还加入了始于东京的工商业者聚居区的"SPEAK EAST"。自古以来，御徒町、马喰町、浅草桥以及h concept所在的藏前地区就是东京产品制作的中心地，当地创作者共同参与交流的活动也是较为固定的。已经开张的直营店KONCENT无疑也将成为这样的新动向的活性剂。

2011年6月"interior lifestyle"

第 4 章

设计咨询的妙处

　　与独创品牌"+d"一样，h concept 在设计咨询事业上也倾注了大量心血。

　　这也是与厂商之间的共同研发项目，他们拥有全国优秀的技术并且能够不断加以活用。

设计咨询和设计是两大主轴

除了与设计师共同研发而设立的"+d"品牌之外，h concept 还有另一项主要事业，即设计咨询。他们与国内企业签订合同，负责从与该企业经营者或担当者共同创设品牌到后期销售的相关咨询。

此外，还有只接受设计的情况。除了对单纯受托的商品设计以及在销商品的更新等进行指导之外，还会受到地方自治体主办的地缘产业支援项目的邀请而担任设计协调人。

在费用方面，基本上针对咨询签订年度合同，每月申请支付定额的合同金，而对于那些跟进到发售为止的商品，则要单独签订版权合同。在不是咨询而仅仅是商品设计的情况下，要根据项目规模相应地签订合同并以此来决定。名儿耶秀美董事长表示，最理想的状态是不用提交价格表并在与对方企业或者地方自治体的预算出现差异的时候也能顺利应对。

"在报酬方面没有严密的设定，有的商品会大范围地批售到量贩店，此时只要在版权费的设定当中掌握好平衡即可，对文具产品等则是以提交设计的形式告终，总之要根据不同的案例来决定，通过与客户协商而达成共识签订合同。目的就在于通过设计为企业及其产地注入活力，并在全国范围内展开事业。我们不想根据金额的多少来判断是否接单。"

报价单是他们的依据，其费用相当于客户企业以雇佣一名员工的形式聘请一名设计师的薪酬。当然，并不是说企业突然聘来设计师就能够使商品开发以及销售出现好转的局面。取而代之的是，由 h concept 受托并活用专业知识和销售网络应对零售店并提供后盾支援。

甚至还会提供诀窍

名儿耶董事长在 MARNA 工作的时候就获得了设计让企业得以飞跃的亲身体会，并由此积累了不少诀窍。在成立 h concept 的同时，有很多得知其业绩的厂商的商品开发者前来拜访请教。

岩谷材料公司的新商品开发（当时是积水生活技术公司）对名儿耶董事发出邀请说"一起干吧"，这成了 h concept 创业之后接到的首个设计咨询订单。名儿耶董事长发现，大企业往往有个通病，即在正式的新品开发当中，所有的决定权统统聚集在上层部门，就连商品的颜色也无法由现场自主决定。所以他会努力说服对方，"通常情况下的做法是首先完成 1 个商品，如果双方相互之间感觉良好，再签订长期合作的合同。但是，这次请按照 h concept 的做法来推进吧。我们绝对会制作出能够畅销的商品。"

就这样，他们完成了塑料制的垃圾桶"kcud"这款商品。这也成为了踏板式垃圾桶的常规型号，并且作为岩谷材料公司"I'm D"品牌的商品仍在持续热卖。

这次成功让名儿耶董事长切身感受到，"作为厂商不仅要通过 +d 品牌来支持设计师，还要通过设计咨询形成强大的企业力。"自那以后，他开始积极地接受设计咨询的委托，截至 2012 年，已经与 12 家公司签订了咨询合同。

"我们在做设计咨询时，强调与企业的开发担当者共同推进。所以，自然而然要提供诀窍，而且随着长期往来，客户掌握了诀窍，能够在其公司内部自如运作时，该项合同也就自然终止。但是，这才是最大的成功。当对方表示不再需要 h concept 的咨询时，也就是我们创出成果的时候"。

地方自治体运营的设计中心、产品制作事业以及从 2004 年度开始由经济产业省实施的"JAPAN 品牌育成支援事业"等，都纷纷邀请名儿耶董事长担任外部设计协调人。这些案例对于 h concept 来说，不单纯是设计咨询，而是设计事业的一部分。这样的举措是为了激活地缘产业，除此之外还有研讨会以及制作工坊等活动，根据需要甚至还要兼顾产地和设计师之间的匹配度。

补助金不计入预算

不过，名儿耶董事长强调，"不要设立补助金，最好能够以企业本身的资金推进开发。"

他表示，"补助金不过是有干劲的企业或者团队的后援而已。一旦项目展开，就要中断补助金，否则就很奇怪，所以在无论如何都要产生费用的情况下，为了偿付开发费，我们要利用到补助金。但是，不能从开始时就将其计入预算当中。"他想表达的是，如果瞄准事业必须获胜的目标，就不能依赖公共性援助。

而且，企业一旦开始正式活用设计，在地缘产业育成项目之外，他会担任该企业的设计咨询师一职。比如从事皮革小物件制造业的 Ruboa 就参加了 2004 年名儿耶董事长担任设计协调人的东香川市 JAPAN 品牌育成支援事业，并于 2006 年创设了新品牌。另外，他还以从 2009 年到 2011 年合作中的石川县设计中心的项目为契机，为经营建筑涂装业的 ISURUGI 提供咨询并发表了新品牌。

h concept 希望尽可能多地帮助那些不满足于补助金事业的企业获得成功，这就是其设计咨询事业设立的原因。特别在地缘产业当中,通过向公众展示其具体的成功案例,也达到了激活周边区域的效果。

不做特定品味

h concept 共有 3 位在册设计师。当接到设计咨询业务或者设计委托时,他们会分别予以担当,与名儿耶董事长共同进行咨询。除了他们之外,外部设计师有时也会加入其中。重要的是对于咨询对象企业来说,必须拿出好的结果。

首先,为了解现状就必须考察工厂以及制造现场,听取其经营状况。当应该拓展的部分逐渐浮出水面并且找到具体的切入点之后,再将费用等包含在内进行报价。因此,如果有设计师希望借力,那么 h concept 一定会以共同研发的形式担任咨询的角色。这也是共同研发设计的形式之一。

名儿耶董事长说,"当我们判断应该通过重振客户现有品牌来提升销售额时,就会从支持开始着手。一旦进展顺利,对方表示希望进一步增加商品,此时我们再考虑新设品牌。不同的企业规模会有投资金额的差别,但是我们的作业一旦顺利展开,往往会带来殷实的利益。产出利润的体系其实是品牌的提升,除了这种视觉可见的成果,还有高扬员工士气的效果。即使品牌本身的销售额不太多,但是因为其知名度却来带了与

OEM 的合作等机会,并增加了企业整体利益,这样的案例也是有的。"设立品牌让设计化作有形商品之后,就需要预测其销路。因此,不仅仅要做出新品,还要具备统观全局的视野。

在这一点上,名儿耶董事长充分信赖其公司的设计师砂口绫经理。

2012 年 1 月起,她作为 h concept 的设计部门经理掌管着咨询和设计事业。名儿耶董事长评价说,"她既是特有的设计师,又具备了经理的视角。"诚如所言,砂口经理本身不仅要亲自操刀设计,还要在起用外部设计师时肩负起总策划的角色。如今,h concept 已经开设了直接销售与设计相关的所有商品的直营店 KONCENT,接下来名儿耶董事长计划的是设计部门的分公司化,即营造员工能够集中在各自擅长领域的环境,培育可以更专业更广泛地拓展设计和咨询事业的土壤,从而进一步放飞梦想。

"I'm D" 岩谷材料

精良的生活道具来自跨时代的简洁设计。我们的品牌重视设计以及在生活中创造价值。

kcud & kcud mini
设计 / 野田纯江
踏板式垃圾桶追求流线型的功能之美,在 kcud 系列当中最先发售,并以其简洁的形状设计和使用的方便性赢得了好评。该设计令宽幅的踏板不伸出整体结构之外,因而容易踩踏,也不会在脚下造成困扰。红色和咖啡色的基调色彩呈现出良好的视觉辨认效果,组合的方式有利于垃圾的分类。现在,本体颜色为黑色和白色的款式以及陈设方便的正方形等款式也在以系列展开。

RETTO
设计 / 桥田规子、野田纯江
属于浴室座椅和泡澡用盆系列。浴室座椅设置了恰当的高度,支撑臀部的靠背也让人坐得舒服,将在浴室里也能随性站立的设计和功能性赋予了淋漓尽致的呈现。泡澡用盆的手把部分开设有孔,可以将手掌插入其中,方便拿起,与传统的脸盆以及水瓢相比,不容易对手腕造成负担。挂在挂钩上晾干的设计也十分便利,将用于盛水、淋浇、洗脸等用途的脸盆和水瓢的功能集于一身。

品牌名称 / **"I'm D"**

客户 / 岩谷材料　所在地 / 东京都中央区八丁堀

2006 年，h concept 开始为岩谷材料公司提供设计咨询服务。这也是签订咨询合同的客户当中最早的一批。其渊源在于从 2002 年起，名儿耶秀美董事长就与其前身积水生活技术公司合作了诸多项目。

2005 年，积水生活技术公司冠名的"积水商品设计大赛"得以举办，除了对其获奖作品之一"GUU"（设计师 / 大友学）加以商品化之外，名儿耶董事长还与其共同研发设计了时至今日仍在热卖的"kcud"、"lemac"、"Revolc"等商品。

2006 年 2 月，积水生活技术公司因塑料制家庭用品事业的收益恶化而采取事业结构改革，将室内装饰相关用品的设计项目和厨房线缆制品事业悉数转让给岩谷材料公司。此时，"I'm D"应运而生。其思路便是，"如果冠以品牌名称，则以后无论以哪家公司为母体，其商品都可以在市场上通用。"其命名的创意来自"岩谷材料·设计·项目"的首字母以及以用户"我"为中心而进行设计的理念，以此组合产生。

"I'm D"与其他案例相比，涉及的设计师人数较多。以岩谷材料公司的技术力量为中轴，由设计师吉泽弘、桥田规子、野田纯江、广田伦央等进行共同研发，设计出了诸多独具个性的商品。

比如，浴室座椅和泡澡用盆系列"RETTO"，其独特的流线型设计与时尚的浴室相辅相成，这是当时 TOTO 的首席设计师桥田独自设计的作品。

名儿耶董事长看到其试制品后当即抛出橄榄枝——"虽然 h concept 还做不了，但是我认识一家可以将其商品化的客户。"而对岩谷材料公司这边，他表示，"这是专业设计师针对浴室进行的提案，这个肯定可行！"并且势如破竹般推进其发展，将这一设计最终变为有形商品。仅是成型用的模具费就花去了数百万日元，这曾令岩谷材料公司的开发者感到相当不安。然而，结果却是商品大卖，皆大欢喜。

为了不让人忘记这种"逆向思维"，就不能依据厂商的意愿而制作，而要生产出消费者认为真的想要的产品，所以"I'm D"品牌的商品全部都是将英文单词的字母反着排列而命名的。略带玩心的昵称也许会成为长期热卖商品必不可少的部分吧。

"tidy" 寺元

> 带来美的道具本身就很美。
> 我们的品牌重视的是整理·整顿·清扫的心灵。

Kop（手持型墩布）
设计 / 三浦秀彦
手持型墩布造型似水杯，附带外盒。手柄部分为木制，在收入杯中的状态置于室内，不会影响室内装饰的美感。另外，外杯还可进行颜色的选择。

Floor wipe
设计 / 三浦秀彦
扫把的手柄和基座部分采用天然木头制作，以此带来高级感受。因其自带适度重量，故而可以不费力地清扫地板，无须另外安装扫把专用粘尘垫，通过上下夹持就可以轻松组合。

第 4 章 设计咨询的妙处

Doorstop
设计 / 八幡纯二（h concept）
玄关处使用的门碰头。采取强力磁石，可以轻松安装在铁门上。表面是橡胶制，不会划伤门体。站在那里就可以通过用手指按压而加以固定，使用方便。是"tidy"品牌的人气商品。

Squeegee
设计 / 砂口绫（h concept）
刮水用的橡胶扫帚。泡完澡后对浴室的墙壁和镜面轻轻一刮，就可抑制水垢以及细菌的产生。其特点在于可悬挂在毛巾挂钩以及水龙头处，保管方便，使用便宜。

品牌名称 / **"tidy"**

客户 / 寺元　所在地 / 千叶县市川市欠真间（总部位于大阪市）

与寺元签订设计咨询合同是在 2006 年。原来，地处东京工商业者聚居区的该公司社长兼专务，与名儿耶秀美董事长是老相识，他直接找到名儿耶董事长并提出委托，希望他协助设计。寺元创业于和歌山，随后进入大阪，东京是其销售网点之一并且规模不断扩大，因此其总部职能也逐渐向东京转移，现在开发部门也搬迁至千叶县市川市。寺元是以人工草坪等美化环境用品为中心的厂商。

h concept 以创设新品牌为前提展开了咨询。"tidy" 的含义是 "寺元·工业产品·设计·庭院"，其以 "整理·整顿" 为理念，认为给空间带来美感的道具本身就应该很美，其商品多是与室内装饰相配套的清扫道具。

tidy 品牌并非是从重新设计所有商品而开始的，而是着手于已经在售的人工草坪的 "ShibaRug" 的多色化改进。他们没有模仿自然草坪那种鲜艳的绿色，反而特意选择黑色、琉璃色、沙土色等别致的色彩。虽然没有以这样的拓展作为基础，但是 tidy 的商品从整体上来看，是以稳重的深色系见长的。

在 h concept 公司内部，首先接手 tidy 设计的是设计师八幡纯二和砂口绫经理。另外，在公司外部还邀请到设计师三浦秀彦提供协助。三浦在向名儿耶董事长介绍其关于隔板的想法之后，得到了对方要应用其创意的邀约，并最终完成了收伞器"TETTO"。

从那以后，三浦就以共同研发的形式加入了设计咨询。三浦使用天然木设计的"Floor wipe"曾备受关注，以此时期为分水岭，2010 年以来，公司整体的销售额迎来了大幅提升。除此之外，还有诸多人气商品，比如八幡设计师创作的不用弯腰通过脚尖就能操作的玄关用门碰头"door stopper"等。

名儿耶董事长分析道，"我们基本上以简约的设计为主，但是企业品牌却对品质的要求相当严格，而且其功能性好，因此才带来了今天的成功。"

"hmny" "CORGA" Ruboa

hmny
消费者的心就像丝线一般,串连起香川工匠的心和设计师的纯粹之心,前者纤细且毫不妥协,后者则"非常希望将创意化为有形商品"。这样的品牌需要那些即使久经时日也对其喜爱有加且追求本质的消费者。

CORGA
对使用展开思考时,一切都变得自然且简约。要在设计中如实地体现物品本身具有的要素,其形状的确定要通过多个方面的组合。我们的品牌倡导本初原生态生活。

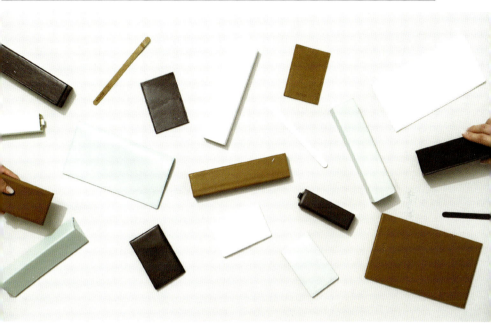

CORGA
设计 / 砂口绫(h concept)
以可以在平面上展开的形状为基准而设计的皮革小物品牌。打破传统的皮革素材的处理方法,以二次元的构想加以折叠使其立体化。其特点在于可以像纸张那样使用皮革。

hmny
设计 / 宫城壮太郎
该皮革小物品牌风格中性,力求以简约造型表现皮革的质感。从卡套到鞋拔子、室内拖鞋、托盘、放大镜、相机套、记事本套等,通过皮革来设计生活中用到的各种物件。2011 年,还使用柔软的皮革设计出了休闲随意系列产品。

品牌名称 / **"hmny" "CORGA"**

客户 /Ruboa　所在地 / 香川县东香川市松原

2004年，名儿耶董事长就任JAPAN品牌育成支援事业的总策划人，该项目在香川县东香川市实施，由经济产业省牵头。设计师主要有来自h concept的设计师八幡纯二以及主打女包设计的设计师广田尚子。汇集于此的企业均以皮革制品为主产业，虽然一年之内还不能够做成商品，但是即便从作品层面上来说，他们也希望能够生产出饶有趣味的产品。

在新宿花园大厦OZONE进行成品发表展示时，他们获得了高度评价，并且多家厂商同时举手表示希望将作品发展至商品层面，形成产业。于是，名儿耶董事长接受邀约，公开了商业模式，并列举成功案例进行了企业提案。他表示，"要发展成产业，就必须把握住关键点。"

谁来企划文件进行销售，如何处理库存，如何确定掌管资金大权的厂商等——虽然他们做出了具体的行动尝试，但是却进展不顺，最终没能发展为以东香川市的工商会议所为中心的项目。

在东香川市的事业告一段落时，厂商Ruboa表示想尝试一下，并且向h concept发出委托，希望他们协助咨询。他认为，"如果在当地能够成为成功案例，无疑将成为活性剂。我们希望以迄今为止的成果为基础，创设品牌。"

也是出于偶然的机会，今治商工会在同一时期推进着毛巾的项目，于是顺理成章地得到了共同参与咨询的设计师宫城壮太郎的协助，并确定了品牌的推新进程。这就是以中性设计为特征的皮革小物品牌"hmny"的诞生背景。

与此同时，当时还是学生的砂口绫经理的大学毕业制作正好是她努力设计的皮革小物。Ruboa 的社长在毕业制作展示上看到其集大成之作后便发出邀请，希望新设品牌予以推进，这促成了"CORGA"的诞生。虽然也是中性风格，但是其设计却独有一股出于女性手笔的韵味。

砂口经理介绍到，"皮革制品在不同的部分会有缝制以及裁切方法的差异。现在，我们既有突破这一制约而设计的非类似皮革制品的系列，也有正统派的简约制品的皮革制品系列，这些风格共存于这个品牌之下。"

2011 年，hmny 还新加入了休闲随意款式的商品。名儿耶董事长已经对具体的展开做出规划，他表示，"我们需要提升商品系列并将其集中起来，让客户通过实际的观看和触摸成为其世界观的粉丝。特别是皮革制品，消费者很难在缺乏手感体验的情况下买单。今后，h concept 的直营店将满足大家的这一需求，对此我们充满期待。"

"炭草花" IOT 炭

孕育于自然中的树木久经岁月的洗刷会转变为高机能的碳。我们希望通过这个品牌来传递碳所具有的"清洁空气的力量"。

炭草花

设计 / 山口惠理、砂口绫（h concept）

"炭草花"使用的是经 700℃ ~800℃高温烧制而成的具有高倍吸附力的高温碳化木炭及其成型品。内芯采用不织布包裹，可以结合鞋靴的前端而改变其形状。另外，还有被称为木炭板的板状木炭成型品，可以放置于室内或者装在包袋中使用，这是由 IOT 高机能木炭（80%）和天然纤维（旧纸纤维素）构成的。

品牌名称 / **炭草花**

客户 / IOT 炭　所在地 / 富山县富山市松浦町

2002 年，IOT 炭公司设立，其目的是循环利用富山县产的木材资源。他们与建筑公司大林组共同在富山县内修建了将建设废材变为炭的设备，通过生产最高品质的炭而使公众将其作为商品加以利用。该公司的第一任社长以与设计师宫城壮太郎沟通设计为契机，于 2007 年开始委托 h concept 负责其设计咨询工作。

商品所使用的高温炭化木炭的原材料是那些因暴风雨或者台风而倒塌并无法再生长的流木以及住宅废墟的木材，其品牌宣传的切入点也是考虑到如何发扬炭的除湿除臭等特性。现在的设计主要是由 h concept 的砂口绫经理负责的。在着重炭的特性的同时，不织布也不容忽视。不织布具有良好的透气性，在用炭对住宅等地板下部进行除湿时要用到，它能够紧密锁住炭粉而保持其功能，在缝制以及印刷加工中也不存在问题。只要用不织布包裹住芯棒状或者板状的成型炭，就能够灵活地应用于各种用途。对于那些必须进行除湿除臭的生活空间来说，"炭草花"的设计精良且经济实惠。

在图形方面，仅仅使用了能让人联想到炭的一种颜色即黑色，设计时仅突出一串花朵以及能够看出原材料炭的微孔形状的造型。特别是鞋内除湿炭，从发售至今一路畅销，其商品共有 9 种，从轻便运动鞋到长靴都可以轻松满足需求。在室内空间使用时，也有窗帘型以及悬挂在衣架、衣橱里的款式等 7 种商品。

2008 年，在富山商品设计大赛中，MILE 设计的"炭袋"荣获准富山设计奖并得到了商品化。该商品采取相同原材料，利用了韧度好且柔软的不织布，可以直接折叠成收纳袋或者小筐来存放物品。虽然是独立的品目，但却是在炭草花品牌的销售网络下展开的。

现在公司已经由第三代社长来负责经营，可以说是个成功的品牌。不过，名儿耶董事长对此却显得颇为冷静，他表示，"常常有企业无论事业是否成功就在品牌层面上匆匆收场。有人认为只需要处理废材和流木就可以获取利润，没有必要特意制作成商品，当然这的确无可厚非。哪怕是按照社长的宏愿不断推进，在企业的角度来看也会有无法度过经营逆境的时候。"从销售额来看，该公司的回收事业、建筑物的地板除湿材料、设计商品等分别占到三分之一的比例，属于较为均衡的发展。今后，是否能够在 IOT 炭公司进一步培养出负责设计商品的人才，这也是与咨询密切相关的一大课题。

"こち" "on the dot" MARUAI

こち
珍视对方的柔美心灵。
以简约设计表现日本人所作之美的品牌。

on the dot
以设计追求圆点所具有的简约。
存在于此是关键,享受无碍观瞻的圆点。
让思维驰骋纵横、尽情表现吧。

こち、on the dot
设计 / 浅野设计研究所、MARUAI 商品企划课、h concept

"こち"（上）和 "on the dot"（右页）是 2 个独立品牌。"こち" 主打以现代感性设计出传统样式美的熨斗袋系列。以字母呈现的腰封独具崭新的个性，现在还新添加了数字系列。
"on the dot" 是文具用品，是从在一般模造纸的整体纸面上设计原点的商品开始起步的。除了在文具店可以买到之外，也会出现在政府机构以及学校等使用的模造纸以及工作用纸当中。

品牌名称 / "こち" "on the dot"

客户 /MARUAI　所在地 / 山梨县西八代郡市

　　MARUAI 位于山梨县，在日本国内占据庆典信封的首位市场份额，是纸制品厂商。其产品较为传统，外观中规中矩，与庆典以及祭祀等相关，所以在百货店、家居用品中心、文具店、便利店等都能买到，并非一定要通过活用设计来寻求突破。但是，在对其工厂和卖场考察之后，名儿耶秀美董事长表示，虽然是畅销于市场的庆典信封，但看上去也不过是在通过外在的气派而夺人眼球罢了，这样的商品不能让人产生发自内心地爱惜使用的想法。

　　身为日本最畅销的庆典信封的厂商，却没有这方面相关的设计。如果任由现状持续下去，是不会有任何改观的。除了让员工努力创新之外，是否要再委托外部咨询呢——就在这个斟酌阶段，名儿耶董事长肩负起了这一任务。虽然其公司内部的设计师也都非常优秀，但是企业往往很难通过来自员工的创新提案却是不争的事实。名儿耶董事长判断说，"需要充分发挥其强项的设计"，因此他邀请在 +d 中设计 "水花收伞器"的浅野泰弘设计师的设计事务所共同加入，与 h concept 在二人三足的形势下启动了该品牌的拓展。

结合"东风、故智、心地"等日语单词的语境，新品牌正式命名为"こち"。在制作简约且高雅的熨斗袋的构思之下，他们严选素材和颜色，在传统中加入现代元素的同时不断推进着设计的发展。2008 年商品开发正式启动，2009 年 6 月，在"interior lifestyle"样品集市的"KONCENT"展位上进行了新品发布。特别是以字母作为腰封的礼金信封在零售价 3000 日元的高额定价之下，也依然能够经久不衰地在销售额中保持前排的记录。

2011 年，MARUAI 还发售了另一个新品牌"on the dot"。该品牌主推纸张系列，取代线段而以圆点遍铺整张纸面，是从改进现有的白色模造纸开始起步的。以浅野设计研究所和 MARUAI 商品企划课为中心，将用起来得心应手但是外观欠佳的空间以圆点填充，并提出了改变外盒图案的提案。即使只抽出一张大版面的模造纸，轻松整理，也能在与外盒毫无违和感的状态下保存在室内，实现了设计的更新。

以此成功案例为起点，on the dot 开始逐渐成长为文具用品品牌。根据绘图、素描、报告等用途的不同，有 4 种笔记用纸可供选择。圆点的造型也在对间距和配置角度做出改变的状况下研发出了 6 种款式，将产品拓展到记事本以及工作用纸等领域。这样的文具与设计师的个性得到发挥的杂货不同，它具有设计咨询所能波及到的强大影响力。

"soil" ISURUGI

> 该品牌由位于金泽的具有 200 多年历史的 ISURUGI 所创设。以建筑涂装业的技术和材料来手工制作会呼吸的素材（硅藻土），以除湿性的特征见长，是宜人、环保的未来创造型品牌。

Soil
设计 / 砂口绫（h concept）、高桥诚二、稻垣扬平
近年来，因室内装修污染问题等的存在，使用天然素材硅藻土为内墙壁的住宅日益增加。而"soil"的商品正是具有与其作用完全相同效果和机能的日用品。在配合原材料的平衡性的同时，采用简约的颜色和造型推出了牙杯、纸巾盒、浴垫等商品。对食品保存用的储物盒以及干燥剂等也有涉及。2009 年，首次在样品集市"interior lifestyle"上进行品牌公开，迄今已扩展到 32 个品目。

第 4 章 设计咨询的妙处

品牌名称 / **"soil"**

客户 /ISURUGI 所在地 / 石川县金泽市神田

从 2008 年到 2010 年，石川县设计中心携手地缘产业和当地设计师，以"设计的地产地销"为目标了启动了相关项目。名儿耶秀美董事长被任命为总策划人，不仅要进行研讨会、工厂参观以及设计师的发表说明会，还要展开制作工坊活动。而 ISURUGI 正是参加企业之一。

ISURUGI 于 1917 年在金泽创建，从江户时代起就在富山地区经营建筑涂装业，曾参与历史建筑的重建和翻修计划，以高超的技术著称于世。他们还展开了命名为"左官艺术"的事业，独自在巴黎的样品集市"家居装饰展 MAISON&OBJET"参展，充满了挑战新事物的热情，但是最终没能进展开发独创商品的地步。

以石川县的项目为机缘，他们希望在建筑涂装方面启动新设计事业。虽然是从项目推进过程中才开始的，但是 ISURUGI 却从 2008 年起就接受了 h concept 的设计咨询。

h concept 的员工，在走访工厂时被硅藻土制成的小物件吸引，那是在作业因下雨而中止的时候，匠人们利用空暇时间制作的。像小孩子玩泥巴游戏一般，仅仅是用水搅和硅藻土挤捏固定就行，不需要烧制。名儿耶董事长确信，硅藻土作为建筑材料是非常优良的素材，硅藻土的这一技术肯定能够应用于商品。

"传承 200 年的建筑涂装技术是最大的财富。既然素材精良，那么就可以避免过度装饰并发挥会呼吸的硅藻土的优点，从而制作出相应的商品。"砂口绫经理负责设计，她以应用匠人工法的形式，摸索出了裨益于日常生活的各种道具。

新品牌 soil 的设立，不仅要考虑到新商品的开发，还要关注制造管理、成本计算、销售方法的说明等各个方面。不分年龄性别，而能获得大众喜爱的设计、传承 200 年之久的匠人技艺、世界上无以类比的天然素材硅藻土——该品牌整合了所有的优势资源。他们强调，不公开设计师个人的名字，而让 ISURUGI 的匠人技艺在品牌中扮演主角。

并且，在第二年，他们还相继开发出厨房以及浴室使用的新商品。这是参加了石川县项目的两位当地设计师对 soil 直接进行的提案设计，他们的创意也在新品中得到了采纳。除此之外，还开发了在保存容器中发挥干燥剂作用的小玩具以及厨具收纳架。原本由匠人逐一手工制作的商品，俨然已经发展为独立的事业。在运营 soil 时，ISURUGI 配置了相应的销售担当、事务人员以及支持匠人的员工等，并且还扩聘了匠人。这也是从工厂作坊开始全面转变为设计咨询的一大案例。

"HO.H." HOSHO

休闲随意的生活风格。类似生活服饰般的餐具。
品牌 HO.H. 令人快乐、功能众多,适合充满欢声笑语的生活。

HO.H.
设计 / 八幡纯二、砂口绫、栗崎洋（h concept）
FLAT LUNCH BOX 是一款可以折叠的便当盒,采用聚丙烯 PP 材料制成,耐热温度 140℃,耐寒温度 -20℃。对平面设计的 7 种款式进行发售之后,又推出了在白色质地上使用黄色、粉红色和灰色等三种主色的 3 种规格和 3 种花纹图案,可以作为方便烹煮的盘子以及用于小菜的盛放等。常规型号价格在 1000 日元以下,经济实惠,这也是其获得大卖的原因之一。

品牌名称 / **"HO.H."**

客户 / HOSHO 所在地 / 东京都千代田区神田淡路町

"HO.H."品牌主打便当盒，该产品在使用后可以折叠成平面并带走，其事业起步于 FLAT LUNCH BOX 的商品化，也是包装资材厂商 HOSHO 创设的自有品牌。名儿耶秀美董事长在 MARNA 工作时就结识了 HOSHO 公司。当时，他们合作开发了马桶刷的外包盒，这是一次史无前例的尝试，采用了拉扣式的密闭塑料造型。除这种商品包装之外，他们还擅长照片整理用品以及再填充式文件夹、捆包材的企划以及制造，也对 h concept 的 +d 商品的包装多有涉及。

有一天，HOSHO 社长带着"合成树脂的新素材"的样品来找名儿耶董事长商谈，名儿耶董事长表示"应该尽快研发出独创商品"，并且提出了使用耐折耐弯曲的聚丙烯素材开发便当盒的提案。

名儿耶董事长希望将自己多年思忖的折叠式的想法化为有形商品，并强烈陈述，"虽然很薄，但是可以放在微波炉和洗碗机当中，完全是食品安全素材。虽然由 h concept 直接推进商品化的做法也可行，但是我更希望一直以来以承包形式推进合作的 HOSHO 能够清楚把握自己所从事的事业。"最终，HOSHO 作为厂商，开发出了可以自主进行价格设定的独创商品。

基础设计的部分是在 HOSHO 公司内部完成的，结合在包材事业方面积累的经验，他们意识到了要让盛在其中的小菜保持其原来的造型而不松散。因此，他们通过组装加入一张垫板而制作出了简洁的外盒，并将便当盒两边的两个拐角全部用塑料扣固定住。另外,还使用了橡胶绳圈来扣住盖子。在形状方面，h concept 的设计师八幡纯二和砂口绫经理通过平面设计和彩色搭配，使该款商品具备了颜色和图案的多样化并且发售了 7 种款式，包括让人联想到蔬菜的图案以及几何图形等外观。他们立志环保，希望消费者不做一次性使用,于是还随后推出了"便当男生"等流行系列，以良好的销路打开了局面。

2011 年，在增加 3 种规格的同时，他们改变图案设计，又新追加了 4 种商品。此外，还开发了供派对以及野餐时方便使用的小菜餐盘、烹煮用托盘、餐桌用餐盘垫等商品，充分发挥其可以展开铺成平面并且清洗的优势，现已实现了 30 个品目的销售。

他们还进行了外观和实用新型的注册登记。如今，这样的素材被使用在便利店便当的托盘等商品中。通过严格的品质管理和适合市场需求的设计，他们已经成为品牌性的明星商品。

"TAKUMI" 匠工艺

这是诞生于旭川的"自然 & 手工品牌"。
在精湛的技术和品质保证的前提下,设计现代生活的休闲家具。

TAKUMI
设计 / 中井启二郎
"我希望房间里能有可以稍坐片刻的地方"——针对这种需求,"MUSHROOM 高脚凳"和"MUSHROOM 桌子"应运而生。两者都使用美国白蜡树材质,桌子的面板采用白桦木合成板。椅子的座面采用人工皮革,该人工皮革含有聚酯,属于非织造织物。其产品可以堆叠,组合式的设计还能实现小巧便携的捆包,在很多设计精选店都能看到它的身影。

品牌名称 / **"TAKUMI"**

客户 / 匠工艺　所在地 / 北海道上川郡东神乐町

　　北海道旭川市是国内屈指可数的木工家具产地，大大小小数家厂商都在此修建了工厂。匠工艺也是其中之一，是仅次于最大型的 CONDE HOUSE 的当地第二位的家具厂商。但是，名儿耶董事长却表示，"虽然是第二位，与第一位的差别却是历然在目。还是希望旭川整体的木工行业都能够发展得更加健康。"他在当地的年轻人以及厂商干部云集的场所不断阐述着品牌拓展和商品开发的诀窍。这是他受到旭川市工艺中心邀请后所开展的工作之一。

　　"即使听过很多遍，但始终没能付诸实践。对于旭川的这 10 多家公司，我不能面面俱到，所以只要有一家取得成功，就能够形成波及整体的趋势。只要大家对此都看在眼里就行。"他曾尝试着做出实际成绩。匠工艺在新商品开发方面颇具强烈意愿，对此，他与之首先签订了与商品销售额挂钩的版权合同而不是咨询合同，以此设计出新的家具。

　　迄今为止，匠工艺都是以匠人技艺为主轴，以颇费人工和工时的厚重大型木制家具的生产为主的。但是，越来越少的日本人会为狭小的生活空间选择购置大型家具，今后，厂商在制造产品时必须要考虑到商品的最终处理环节。名儿耶董事长认为,"可以有一些能够更加轻松购买的休闲家具",他决定拓展匠工艺公司所没有关注到的这条销路。在经营团队当中,有人态度坚决,声称大型豪华家具才是他们的标志产品。但是名儿耶董事长却耐心说服了这些人。他表示,"从我们制作浴室椅子的经验来看,只要座面直径达到17cm,多数人都可以放心就座而不会有不安心的感觉,我们必须向小家具的方向转型,否则难以成功。"就这样,开发最终得到了推进。

设计由匠工艺的中井启二郎来负责。他以直径25cm的蘑菇状圆形座面为设计要点,以4种高度实现了商品的多样化。这款家具采取组装式,可以收纳在不到10cm的薄纸箱当中,在店里买好之后可以轻松带回家里。除此之外,还配套设计出使用相同的美国白蜡树材质的圆桌,直径50cm,作为小巧精致的木制家具,"MASHROOM桌子和凳子"就这样诞生了。其销售额也以数千台为单位不断增长。

最初,匠工艺曾向h concept提议采取OEM供应的生产方法,但是名儿耶董事长却表示,那样做的话毫无意义,共同研发所带来的成功才是价值所在,于是他们再次将"TAKUMI"品牌化,并且签订了设计咨询合同。当然,从终身使用的昂贵木制家具,到类似杂货般轻松购买的商品,其品牌发展进行了重大的转变,但这也仅仅是个开始。

"HARAC" 长谷川刃物

> 仅仅是放在那里也能给人以快乐。每次使用都感到愉悦。
> 该命名来自日语的罗马字母拼写，刃物的 HA，剪刀的 HA，快乐、放松的 RAC。
> HARAC 以刃物为本，提供有嬉戏玩心的快乐设计。

"Gav" "Moc"
设计 / 八幡纯二（h concept）
"Emo" 是 "HARAC" 的核心，是对文具及相关商品和资源再生利用所必要的刃物加以系列化的品牌，主要有 "Gav"、"Moc" 等商品。"Gav" 是由切海苔丝时使用剪刀而想到的手持型切碎机，而 "Moc"（右页）则是竖立放置便于轻松拿取的剪刀。该设计咨询的核心是发挥地缘产业的刃物制造技术，以厂商擅长的剪刀为基本而展开。

第 4 章 设计咨询的妙处

"Emo"
设计 / 砂口绫（h concept）

品牌名称 / **"HARAC"**

客户 / 长谷川刃物　所在地 / 岐阜县关市肥田濑

地方自治体为了振兴地缘产业而设立设计中心并组织多次设计相关活动，名儿耶董事长就是在这样的活动中结识其客户企业的。虽然地缘产业和设计师之间并非总是能够成功匹配并展开合作，但是通过设计来谋求现有局面的突破，这种倾向却一直都在持续。

与长谷川刃物之间的渊源，要追溯到岐阜县织部设计中心主办的论坛。对方表示，不想直接就具体的品牌提升计划或者商品开发进行委托，首先希望名儿耶董事长能去现场考察。而名儿耶流派的设计咨询的基本思想正是如此。"无论什么状况之下，在开始之前都必须先了解现场。考察工厂，了解销售额，掌握其技术和问题点，思考该厂商究竟能做什么"。这次也同样，他带着 h concept 的设计师八幡纯二和砂口绫经理赶赴现场，考察了长谷川刃物。在看到商品系列的提升和制造现场之后，他意识到的可能性之一便是现有商品的更新换代。比如，把海苔切成海苔丝要用到剪刀。由于有好多把刀具，所以消费者会将其作为手持型切碎机来使用。于是针对新商品，他们决定重新设计，并且最终由八幡设计师与长谷川刃物的设计人员共同完成了"Gav",以此为新的起点,确定了提升品牌、拓展业绩的方向性。

在增加可以竖立放置的剪刀以及不锈钢曲别针等文具相关商品的同时,他们还启动了另一种商品的开发。那便是可以在日常生活中轻便使用的循环利用型刃物。砂口经理负责从刃物的角度思考循环再生资源以及垃圾堆处理对策,并进行商品的设计,比如容易剪开牛奶盒的剪刀、从玻璃瓶上摘掉塑料标签用的剪刀、喷雾罐排气用的起子等。

还有与长谷川刃物共同开发的商品,比如对"Tripod Design"设计事务所推出的万用设计型剪刀以及指甲剪进行多色化的改善,并将其纳入"HARAC"的品牌之下。他们的想法是,"并非要全盘否定我们接手之前的所有商品和设计,设计咨询的核心,是拿出对于客户来说的最好作品。"

虽然始于 2007 年的这项设计咨询合同已经终止,但是其制造销售还在继续,而且在 h concept 直营的网站"KONCENT"上也有销售。

杉养蜂园

设计案例①

杉养蜂园总公司大楼

杉养蜂园在熊本世世代代经营着养蜂业，2002年起，h concept 开始负责养蜂园的商品包装。他们通过设计支持其事业的发展，比如将零售用的蜂蜜容器改为塑料材质等。杉养蜂园在2008年迎来创立60周年之际，决定改修总公司大楼，当时，设公司的总体布局由 h concept 负责，设计交给设计建筑家宫川格（Ital Design Studio），施工则委托户田建设，由此设立了"Honey Box Project"。整体的监修以及空间、标识计划和室内装饰设计则是由 h concept 来完成的，其目的在于通过设计"促进与地域之间的融合，激活地域社会，打造食品工业园区（建筑占地的总称）的标识性建筑，改善职场环境"，特别是女性员工的就业稳定性由此得到了大幅提升。

ASKUL

设计案例②

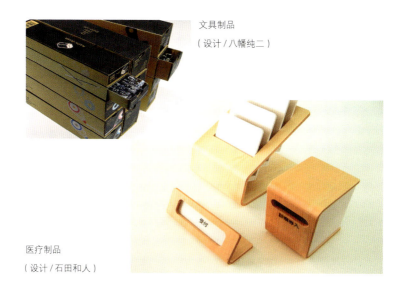

文具制品

(设计/八幡纯二)

医疗制品

(设计/石田和人)

　　h concept 设立后最初接受的产品便是 ASKUL 的商标"ASKUL 超人"的立体模型(见第 61 页)。由于其原型是以插图形式描绘的形象,所以在将细节立体呈现方面难度较大,特别是鼻子部分要另外制作单独的模具,因此他们采取了不计核算的制造方法,即先插入再真空成型。如今 ASKUL 总公司入口处的卡通造型,是名儿耶秀美董事长亲自操刀的作品。

　　2004 年起,他开始接手 ASKUL 独有商品的设计。截至 2007 年一直在负责纸盒制抽屉式外箱在办公室用做收纳盒的别针类产品、书挡、医疗相关设施用的前台周边用品等的设计。

　　2006 年,名儿耶董事长接受今治商工会议所主办的 JAPAN 品牌育成支援事业的委托,聘请设计师宫城壮太郎、日

今治毛巾

设计案例③

今治产的白色毛巾

比野梢、鹈饲麻方等人,携手四国毛巾工业组合以及今治市,共同启动了"今治毛巾项目"。

该项目旨在对数量繁多的四国毛巾进行吸水性、触感以及幅宽等测试后,将其中品质最优的一种作为"今治产的白色毛巾"加以销售。

起初,毛巾是在难以看到其中内容的包装之下出售的。另外,该项目还制作了命名为"今治样品帐100——以白色展示今治毛巾的素材"的毛巾样品,构筑起了向全世界宣传其品牌的基础。并且,作为地缘产业的激活事业,吸引了诸多关注。

Cookvessel被誉为日本首制的鸣笛烧水壶的厂商,其新商

Cookvessel

设计案例 ④

"INOX"

品开发的策划正是由 h concept 担当的。

该公司曾开发出向左右按下手柄即可将其收纳入凹槽的结构,通过对这一功能的活用,他们与设计师大出耕一郎共同研发出了"INOX"。

虽然热效率高的底盘直径达 23cm,比较大,但是收纳时其高度却仅仅只有 10cm,不会给人以过大的印象。顶盖的抓手部分用天然木绕边,不易导热,设计时不仅考虑到外观的美感,还顾及了使用时的便利性。另外,为降低成本,现在也在考虑海外生产。无论如何,他们都将贯彻成本的控制,同时重视 made in Japan 的品质的品牌理念。

2009 年,他们接受委托,启动开发策划室内晾干用品和品

积水树脂

设计案例⑤

"kakal 晾衣架"

牌拓展的项目,并完成了"kakal 晾衣架"。此作品邀请到吉泽弘和礒野梨影两位设计师,将相关人员从消费者的角度提出的建议进行整合,并将其反映到了作品当中。

在为确认使用感受和问题点而实施的一般用户调查中,设计师和积水树脂的开发担当共同出席,听取了大家诚挚的建议,并且进一步提高了品质。作为业界唯一的一键触摸开关式的设计,他们成功实现了3cm的超薄外观,小巧精致的设计甚至让人意识不到小滚轮的存在,颇具魅力。并且,他们还为保护地板而使用了橡胶制的外套,用轻量的铝材确保了轻量化和强韧度,带来了传统室内晾干用品所无法比拟的高级感受。

他们还为耐热玻璃容器的顶级厂商——岩城家居用品设计

岩城家居用品

设计案例 ⑥

"a' lock"

了密闭容器。容器本体采用耐热玻璃制成,拿掉聚丙烯 PP 制的外盖就可以广泛使用于烹煮以及饭桌等用途,造型简洁。

虽然密闭式的外盖的功能开发得到了提升,但是为了进一步实现更新,他们邀请吉泽弘设计师予以协助,并最终在厨房用具的类目下实现了新颖的品牌拓展目标。

外盖采用透明设计,从上面也能清楚看到其中物品,共有 5 种颜色的组合,其尺寸经过模具设计,大小清晰可辨,对此也花费了设计师不少的心思。2011 年,"a' lock"品牌启动,他们追求新鲜的色泽,希望即使透过略显白色的树脂外盖,也能清晰看见个中物品的颜色。

h concept 的设计相关案例

企业・团体名称	年份	内容
杉养蜂园	2002 年	产品开发、新公司整体设计策划
ASKUL	2002 年~2007 年	产品・包装开发（文具产品、医疗产品）、总公司玄关卡通造型
FUJIEI	2003 年	展示会展位设计
东香川市商工会"平成 16 年度 JAPAN 品牌育成支援事业"	2004 年	设计协调
富山县综合设计中心	2004 年~2009 年	富山商品设计大赛评委（名儿耶董事长）
积水生活技术	2005 年	积水商品设计大赛评委（名儿耶董事长）
日轻 PANEL SYSTEM	2006 年	设计协调
Benesse Corporation	2007 年	儿童英语学习玩具开发策划
Cookvessel	2007 年~2008 年	品牌拓展、商品开发
山梨县工业事业中心设计技术部	2008 年	山梨设计大赛评委（名儿耶董事长）
积水树脂	2008 年	品牌拓展、商品开发
mesago messefrankfurt	2008 年~2011 年	IFFT/interior lifestyle living 创作策划人
石川县设计中心	2008 年~2010 年	设计协调
千趣会	2009 年~2010 年	创作设计大赛 1000cc 评委（名儿耶董事长）
旭川市经济观光部工艺中心"旭川地域家具等室内装饰相关产业环球人才育成事业"	2009 年	设计协调
墨田区产业观光部产业经济课"产品制作共同研发事业"	2010 年	设计协调
有田地域雇用创造推进协议会	2010 年	设计协调
岩城家居用品	2011 年	品牌拓展、商品开发

第 5 章

h concept 的 10 年历史

　　h concept 从创业至今走过的 10 年究竟是怎样的岁月？

　　在回顾社会大事件的同时，按年份对 h concept 的进步和 +d 新商品的历程进行归纳。

　　只有准确把握时代，才能创作出人气商品。

2002 年至 2003 年，h concept 在创业之初，还处于推出处女作的时期就已经开始不断推出重视室内装饰性的家电品牌。其代表作有 device-style、amanada、plus-minus zero 等，被媒体以及市场誉为"设计家电"。2003 年，KDDI 在"au design project"当中还发售了其首创产品"INFOBAR"。自那以后，该公司开始聘用国内外有名的设计师，不断设计推出新的手机。这样的举措大大提升了消费者对设计的意识。

10 年以前，在日本的产品制作行业当中，除 h concept 之外，几乎没有人会把设计师推至人前。唯独 h concept 会在 +d 品牌当中，将设计师的名字和简历作为商品信息予以公开。若是以前，可能会被认为是对消费者无足轻重的信息，但当时正是在设计意识开始觉醒的时代，因此 h concept 作为聚焦于设计的企业，开始受到全新的评价。

随后，2008 年发生"雷曼危机"，其影响波及全球。日元持续升值，美元持续贬值，日本经济一度低迷，国内厂商多数出现萎缩。但是，名儿耶董事长却表示，"越是在这样萧条的时代，h concept 越是要推出商品。"于是，在 2009 年，+d 发售了固定桶装方便面顶盖的独特商品"Cupmen"。该商品后来成为超人气商品，并且成为战胜萧条的起爆剂。

2002年 | 员工人数：5人

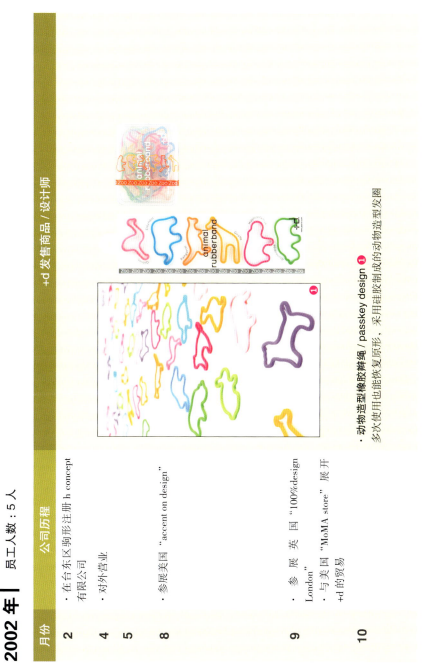

月份	公司历程	+d 发售商品 / 设计师
2	·在台东区驹形注册 h concept 有限公司	
4	·对外营业	
5		
8	·参展美国 "accent on design"	
9	·参展英国 "100%design London" ·与美国 "MoMA store" 展开 +d 的贸易	
10		·动物造型橡胶辫绳 / passkey design ❶ 多次使用也能恢复原形，采用硅胶制成的动物造型发圈

2003 年

员工人数：7 人

月份	公司历程	+d 发售商品/设计师
1	・担任富山县综合设计中心的商品开发研究会、研讨会讲师（截至 2009 年共计 5 次）	
3	・参展法国 "MAISON& OBJET"	
4		・水花收伞器/浅野泰弘 ❶ 收存雨伞上的淋水，使人联想到水滴造型的收伞器
6		・3D 框架/梶本博司 ❷ 用于装饰让人留存美好回忆的立体物品的圆形框架
7	・担任富山县综合设计中心的商品开发研究会、研讨会讲师（截至 2009 年共计 5 次）	・红酒杯花瓶/熊谷容子 ❸ 活用倒置的红酒杯的手柄，是单只插花瓶

第 5 章　h concept 的 10 年历史　　119

- 雪花树／DRILL DESIGN ❹
使用 6 片透明板和 1 片记事卡构成的雪花造型的树木
- pecon！／澄川伸一 ❺
将抽屉部分取下来即可用作托盘的药剂盒
- 折纸／熊谷英之 ❻
可以在生活卡上进行各种折叠的 CD 盒大小的折纸
- 雪眼镜／弓场威彰 ❼
可以看见雪花结晶的小型放大镜

- 参展美国"accent on design"
- 动物造型橡胶捆绳荣获优秀设计奖中小企业厅长官特别奖、水花收伞器、3D 框架荣获优秀设计奖

2004年

员工人数：7人

公司历程

- 接手 ASKUL 的产品开发（直到 2007 年）
- 担任东香川市商工会"平成 16 年度 JAPAN 品牌育成支援事业"设计协调人
- 担任"富山县商品设计大赛"评委（截至 2009 年共计 6 次）

+d 发售商品 / 设计师

- **太阳能植物 / 早川贵章 ❶**
  白天吸收储存太阳能并在夜晚发出明亮的光
- **Tsun Tsun/ 宫城壮太郎、高桥美礼 ❷❸**
  以柔软的凸起来支撑肥皂从而达到沥水效果的皂盒
- **圆脸娃娃 / 吉田磨希子 ❹**
  不经意握在手里时会带给你不可思议的触觉感受的商品
- **KUMIKUMI/ 石田和人 ❺**
  可以进行多种组合，以 2 个为 1 套的 CD 盒
- **香蕉造型门碰头 / 大庭崇 ❻**
  让人想到被丢弃的香蕉皮的门碰头
- **piece x piece/ 内藤制康 ❼**
  由 4 块拼图板组合的小物托盘

月份

1

2

3

第 5 章 h concept 的 10 年历史

4 · 参展 "interior lifestyle"（与 JHI 合用展位）

5 · 参展德国 "TENDENCE"

6

8

9 · 动物造型书签（猪皮合成革）/ 小野舞 ❽
夹在图书或笔记本中使用的动物尾巴型书签

· 动物造型橡胶辫绳 PET/ passkey design ❾
多次使用也能恢复原形，采用硅胶制成的动物造型望型发圈 ※ 新款

· CD JOY/ 浅野泰弘 ❿
可以随意连接 CD 盒的小型彩色插片

· 漏斗 / 涉谷哲男 ⓫
与注入口完美贴合的硅胶制漏斗

· window glass/ 村上绘美 ⓬
可以感受透过窗户眺望外界时的心情的玻璃杯

· 火山 /nendo ⓭
让人联想到火山喷发时的浓烟的纸巾抽取器

· 包袱皮包袋 / Genta Design ⓮
充分发挥包袱皮和包装的优势的多功能性包袋

10 · TAG CUP，pecon！荣获优秀设计奖

11

2005年
员工人数：7人

月份	公司历程	+d 发售商品 / 设计师
1	 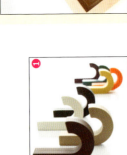	• 橡胶挂钩 / 大友学 ❶ 不伤手不伤物品的硅胶制柔软挂钩 • GAKUGAKU/pock design ❷ 由5种尺寸的正方形叠置而成的装饰用木制相框 • 数字杯 / 星子卓也 ❸ 手柄处采取数字造型设计的马克杯 • 人形积木 / DRILL DESIGN ❹ 将连接诸多人形的快乐加以表现的积木 • 管状门碰头 / 涩谷哲男 ❺ 不使用时可以竖立放置的管状门碰头
2	参展德国"Ambiente"	
3	 	
4		

- valve cup/ 浅田聪士、隅井徹 ❻
杯托可以来做杯盖，采取电灯泡造型的薄壁水杯
- 井盖坐垫 /nendo
井盖造型的独特地板用坐垫
- 水花收伞器 /浅野泰弘 ❼
收存雨伞上的淋水，使人联想到水滴造型的收伞器 ※ 更新
- Tsun Tsun/ 宫城壮太郎、高桥泰礼
以柔软的凸起米支撑肥皂从而达到沥水效果的皂盒 ※ 更新
- pecon！/ 澄川伸一
将抽屉部分取下来即可用作托盘的药剂盒 ※ 新色
- 花瓣便签 / 黑泽夏子 ❽
摘下朵朵花瓣即可粘贴使用的甜美便签

6 · 参展 "interior lifestyle"（与 JHI 合用展位）

8 · 参展德国 "TENDENCE"
   · 参展美国 "accent on design"

9 ·

10 · 橡胶挂钩、数字杯、valve cup 荣获商品设计大奖奖

11 · 参展 "100% design Tokyo"

2006年 | 员工人数：9人

+d 发售商品 / 设计师

- pop-up 拖鞋 / Genta Design ❶
  可以进行按扣式组装的便携拖鞋
- Arch Ruler / 吉田智哉 ❷
  可以轻松压平轻松拿起来的弯曲量尺
- 袋鼠口袋 / 澄川伸一 ❸
  最适于水房使用的附带柔软吸盘的小物收纳袋
- 忍者图钉 / 宫本修治 ❹
  V字截面形状的设计使得用过后痕迹浅淡，是一款保护墙面的图钉

公司历程

月份	
1	· 开始启动岩谷材料、寺元、Ruboa 的设计咨询 · 接手日轻 panel system 的产品开发
2	· 参展德国 "Ambiente"（首次以其公司名称进行海外参展）
3	· 公司搬迁至台东区浅草桥
4	
6	· 参展 "interior lifestyle"（首次以其公司名称参展）

第 5 章　h concept 的 10 年历史　　125

- NECCO/Ando Design ❺
宛如绘画般的植物根部造型的单只插花瓶

- 一笔/千叶一保明 ❻
不用拉伸衣物的领口即可挂晾的一笔画造型的衣架

- 物语的菜的物语/德田祐子、小宫由美子 ❼
宛如从故事当中走出来一般，令人无限幻想的纯白书签

9
- 参展德国 "TENDENCE"
- 参展美国 "accent on design"

10
- 参展法国 "MAISON & OBJET"
- 花瓣便笺荣获优秀设计奖

11
- 参展 "100% design Tokyo"
- Rules 出版《hello！design h concept 的工作》
- 荣获日本设计咨询协会奖

2007年

员工人数：11人

公司历程

- 开始启动 IOT 炭、长谷川刃物的设计咨询
- 接手 Benesse Corporation、Cookvessel 的品牌拓展和产品开发
- 担任今冶商工会议所"平成18年度 JAPAN 品牌育成支援事业"的设计协调人

- 参展德国"Ambiente"

- 参展"interior lifestyle"（推出企业联合展位 KONCENT）

+d 发售商品 / 设计师

- Akanbe/ 北條崇 ❶
  毛毡质地的篮子，便于收纳杂志以及玩具

- 上翘的筷子 / 小林幸也 ❷
  前端上翘的筷子不需要另外使用筷架

- KAPUK/ 中谷吉英 ❸
  乍看普通的杯子倒置过来却会呈现易拉罐的杯底图案

月份

1
2
3
4
6

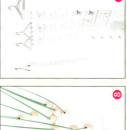

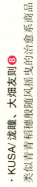

- 动物造型橡胶辫绳 / passkey design ❹
多次使用也能恢复原形，采用硅胶制成的动物造型发圈 ※ 新款式

- GOONY / 根本崇史 ❺
可以随意改变其形状将必需品挂在上面的"置物架"

- 道草 / DMC ❻
支撑诸多小花用的插放路边野花的花瓶

- 圆脸娃娃咖啡色 / 吉田麻希子 ❼
不经意拿在手里时会带给你不可思议的触觉感受的商品 ※ 新款式

- KUSA / 泷瞳、大畑友则 ❽
类似青稻穗般随风摇曳的治愈系商品

- 照片悬挂架 / 姜重太 ❾
衣架造型的曲别针，可以将照片或者卡片夹在中间子以悬挂

- talking / nendo ❿
酱油、食盐、胡椒可依次放在发声为"油"、"盐"、"胡"的口型的调味瓶中

- 参展 "DESIGN-TIDE"
- Arch Ruler 荣获优秀设计奖

2008年 | 员工人数：11人

公司历程

月份	
1	· 开始启动 MARUAI、ISURUGI 的设计咨询 · 接手杉养蜂园的新公司整体设计策划 · 担任"山梨设计大赛"评委 · 接手积水树脂的品牌拓展、产品开发 · 担任石川县设计中心的设计协调人（直到2010年） · 开通 KONCENT 的官网 · 正式展开咨询品牌产品的代理店业务
2	
4	· 参展德国 "Ambiente"
5	

+d 发售商品／设计师

· 动物造型索引／世川宽司 ❶
动物造型的索引可以轻松给拿出来的图书和 CD 打上标记

· PICNICA/ EDING POST ❷
想要带着出行的兔子造型便携式包袋

第 5 章　h concept 的 10 年历史　129

- 参展"interior lifestyle"
- IOT 炭的品牌"炭草花"荣获日本室内装饰设计协会奖

- KABON/富田一彦 ❸
可以挂在挂钩上的带手把包书型托盘

- HIBY/澄川伸一 ❹
可以单手开关顶盖并取出卡片的卡片夹

- bookcup/阿久津梨绘、清水浩二 ❺
将惬意时光随身携带的马克杯造型的图书封套

- 参展"DESIGNTIDE"（首次举办公司个展）

- 参展"IFFT/interior lifestyle living"

6
7
8
9
10
11
12

2009年 | 员工人数：12人

月份	公司历程	+d 发售商品 / 设计师
	・担任 mesago messefrankfurt "ILS living" 的创作策划人（直到 2010 年） ・担任旭川市经济观光部工艺中心 "旭川地域家具等室内装饰相关产业环球人才育成事业" 的设计协调人（仍在继续）	・小鸟 / 山田佳一朗 ❶ 可以像落在树枝上的小鸟那样置于鞋拔子架上的鞋拔子
2	・参展德国 "Ambiente"	・新芽图钉 / 金贤重 ❷ 在房间中也能感受到点点新绿的新芽造型图钉
3		
5	・参展美国 "ICFF – International Contemporary Furniture Fair"	・水花收伞器 / 浅野泰弘 ❸ 收存雨伞上的淋水，使人联想到水滴造型的收伞器 ※ 新规格
6	・参展 "interior lifestyle"	

第 5 章 h concept 的 10 年历史 131

- 400each/ 山本正人 ❹
  高度和口径各不相同的 400cc 玻璃杯
- 上翘的筷子 / 小林干也 ❺
  前端上翘的筷子不需要另外使用筷架 ※ 新素材、新规格
- 竖立的调羹 / 小林干也 ❻
  可有效活用厨房面积的竖立式调羹
- 动物造型书签（毛皮）/ 小野舞 ❼
  夹在图书或笔记本中使用的动物尾巴型书签 ※ 新款式
- 心形瓶盖 / sugiX ❽
  可以轻松打开的心形饮料瓶顶盖
- Peace Gun/ 浅野泰弘 ❾
  大人小孩都会沉浸其中的游戏玩具手枪
- fire/ Niimi ❿
  把锅放在上面时看上去就像点着火一般的锅垫
- Cupmen1 hold on/ 马渕晃 ⓫
  固定铝装方便面顶盖的治愈系卡通造型人物

- 参展 "DESIGN-TIDE"
- 参展 "IFFT/interior lifestyle living"

2010年 | 员工人数:14人

月份	公司历程	+d 发售商品 / 设计师
1	· 公司名称变更为 h concept · 启动 HOSHO,匠工艺的设计咨询 · 担任墨田区"产品制作共同研发事业"、有田地域雇用创造推进协议会的设计协调人(仍在继续) · 担任"山梨产品制作设计塾"的讲师	
2	· 参展德国"Ambiente"	
3	· 竖立的调羹、400each、小鸟荣获德国红点国际设计竞赛(Red Dot Design Award)奖 · 上翘的筷子荣获 iF 商品设计奖金奖	· 动物造型橡胶辫绳 / passkey design ❶ 多次使用也能恢复原形,采用硅胶制成的动物造型发圈 ※ 新款式 · Cupmen2 relax/ 马渕晃 ❷ 固定桶装方便面顶盖的治愈系卡通造型人物 ※ 新款式
4		
5		
6	· 参展"interior lifestyle"	

第 5 章　h concept 的 10 年历史　　133

- Clipico/绫利洋 ❸
  宛如从画中飞奔而出的曲别针造型的卡片夹
- PITACORO/渡边仙一郎 ❹
  因观察角度的变化而呈现不同形状的石头造型吸铁石
- 包袱皮包袋 2/Genta Design ❺
  充分发挥包袱皮和包袋的优势的多功能性包袋 ※ 更新
- cup（wo）men3 cheerful/马渕晃 ❻
  固定桶装方便面顶盖的治愈系卡通造型人物 ※ 新款式
- Bird Hook/AUN2H4 ❼
  可以挂在鸟喙或者脖子上的鸟类造型的挂钩
- Pop Up Book cover/小泉洋希、小山爱、加藤麻美 ❽
  打开书本就会有蝴蝶飞出，合上书本则蝴蝶可用作书签的图书封套

- 参展"DESIG–NTIDE"
- 参展"IFFT/interior lifestyle living"

2011年 | 员工人数：15人

月份	公司历程	+d 发售商品 / 设计师
2	· 接手岩城家居用品的品牌拓展和产品开发	· 圆脸娃娃 / 吉田磨希子 ❶ 不经意捏在手里时会带给你不可思议的触觉感受的商品 ※ 新款式
	· 参展德国"Ambiente"	· Cupmen4 Twins/ 马渊晃 ❷ 固定桶装方便面顶盖的治愈系卡通造型人物 ※ 新款式
	· 包袱皮包袋2荣获 iF 商品设计奖	· 翅膀别针 / Jae-Hyuk Lee ❸ 翅膀造型的别针可以固定住大物件
3		
4		· evolution/ 白鸟裕之 ❹ 从猿猴到人类，越用越进化的橡皮擦
6	· 参展"interior lifestyle"	
7		· 钥匙扣 / 青木亮作 ❺ 收纳整个钥匙，可以直接插入锁孔的钥匙套

第 5 章　h concept 的 10 年历史　　135

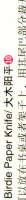

- Shuki/ 长大作 ❻
酒器套装既像四棱柱又像三棱锥的造型令人不可思议
- 带盖子的碗/ 塚本加奈惠 ❼
可以拿来盛饭的带有硅胶制的碗盖的容器，可以保温
- Birdie Earpick/ 桥田规子 ❽
可以竖立放置的小鸟造型挖耳勺
- folio/ 志村宽久 ❾
呈直角形对折，可以节省空间的纸巾盒
- Birdie Paper Knife/ 大木阳平 ❿
可以放在书桌或者架子上，用其尾巴部分裁开纸张的小鸟造型裁纸刀

10
- 参展 "SPEAK EAST"
- 心形瓶盖获优秀设计奖

11
- 参 展 "IFFT/interior lifestyle living"

2012年 员工人数：16人

公司历程

月份	
2	在德国"Ambiente"展览上，推出7大品牌的联合展位
3	evolution、Birdie Paper Knife 荣获德国红点国际设计竞赛（Red Dot Design Award）奖
4	公司搬迁至合东区藏前 直营店"KONCENT"开业
5	
6	参展"interior lifestyle"

+d 发售商品 / 设计师

- 挂钩 / 砂口镁 ❶
  将带有吸附力的面板贴在墙上可以多次使用的不锈钢制挂钩

第 6 章

回顾创业时

以财务方面为聚焦点,回顾 h concept 创业至今的经营历程,窥探设计投资企业辛苦创业并获得殷实成长的背后故事。

创始人

名儿耶董事长回忆说，h concept 的创业其实是"创建企业的工程"。2002 年创立当时的成员除了名儿耶董事长之外还有两人，一位是全面打理财务事宜的菅野友博，还有一位是负责国内外市场的柴田真。设计师八幡纯二则是出于其本人的意愿以合同形式参与进来的。

名儿耶董事长决定不从原来的公司拉拢员工加入，而是选择单独自立。柴田表示希望加入新公司从事相关工作，他原本是菅野经营的公司的职员。名儿耶董事长表示，"从朋友的公司挖掘人才是有问题的。首先要征得菅野的理解。"带着这样的定位约见商谈之后，他觉得经营食品相关以及生活用品的进口代理业务的菅野，正是他希望聘在麾下的人才。

而据说菅野也感到"对方好像要做一些很有意思的事情"，他认为，"我自己创建过多个中小企业，所以从经验来看，筹措资金是最伤人脑筋的。如果有 2 位社长，那么一位负责产品制作，另一外负责资金运作就再好不过。但是名儿耶只有 1 个人，这样的话就很难把想法化为有形商品。而且我相信他待人热情、表里如一的品性，所以决定与他共承担、同进退。"

月度决算

公司设立当时仅仅是持有 300 万日元资本金的有限公司，因此不用每年进行董事选举相关的登记备案，而且还拥有决算处理时的优待特权。2010 年，他们将资本金追加至 1000 万日元，后来又增资 3000 万日元，成为现在的股份公司。

菅野认为，h concept 具有浓重的创始人公司的色彩，因此恐难长期维系。他表示，"名儿耶董事长的过人之处就在于他公私分明，能够在经营中清楚地区分开来。他不从董事那里筹借资金，而是以股权的形式贷给对方，因此避免了资金流入创始人腰包的是非点"。从公司组织的角度来说这是理所当然的，但是在个人创建的公司当中，这一点其实是很难贯彻的。

对此，名儿耶董事长颇为自信。他说，"虽然是小公司，但是从开始时，我们就委托注册会计师每月提交决算报告，时常把握经营状态，从最初开始就清楚掌握设计师经营企业时可能出现的疏漏状态。"经营是要取得利润、留存积蓄的，但是仅仅以此为目标是难以长期持续的。相反，即使梦想变为现实，而企业经营惨败的话也是无法持久存在的。因此，他把每月确认数字、把握细节动态作为自己的义务。有利润但却无资金等小公司容易发生的事态，就这样得到了避免和预防。

为了不误入歧途

+d 的首款商品"动物造型橡胶辫绳"的第一个客户是 MoMA 设计店铺。虽然出口额已高达 300 万日元以上,但是始料未及的是完工商品容易押断,不得不确定为次品。他们决定将在横滨港保税仓库整备待发的商品悉数召回,重新生产。将成本计入在内,这次事件造成了销售额 2 倍以上的损失,而且最终形成了巨大的赤字。但是,决定不发货却保证了动物造型橡胶辫绳的评价。

名儿耶董事长表示,"作为刚刚成立的公司来说,这是沉重的打击。不仅缺乏资金,还持有大批次品……但是,为了不遭受损失而勉强决定发货的话,公司今后将难以立足。正是因为我们全部返工,所以问题得到了纠正,如今原材料也得到了改良。现在想想,虽然是令人很不甘心的痛苦回忆,但这件事却促成了动物造型橡胶辫绳的持续热卖。"

那时,菅野也表示同意立即召回商品。他认为,"小处不可随便,否则公司将逐渐误入歧途。"虽然他主要负责财务会计,但是也会参加开发会议以及创意研讨会,从而把握商品化的时机。没有商品,事业无法推进;没有信用,公司无法存续。认为召回次品太浪费而蒙混交货的做法就是"错误的方向"。时至今日，h concept 的全体员工也在不断加强对正在开发的商品的理解，在担当人员明确大家意见和感想的环境中推进着产品的制作。

以设计获得融资

动物造型橡胶辫绳在国内也获得热卖之后，商品开发得到了进一步的推展。另外，其共同研发设计的成果也得到了肯定，获得了资金援助。其中之一便是来自台东区新市场开拓支援事业的补助金 50 万日元，名儿耶董事长表示，当时感觉到这笔款目起到了重大作用。

"有人或许认为只不过是区区 50 万日元而已，但是这与根据销售额来计算的金额是截然不同的概念。比如最终利润是 10%，则必须做出 500 万日元的销售额，否则拿不到这 50 万日元。因此对我们来说，这笔资金有着无比巨大的价值"。

2007 年，以动物造型橡胶辫绳的外观专利权为担保，他们拿到了日本政策投资银行的 1000 万日元融资。该银行在活用知识产权的融资框架计划下支援投资企业，并且在高价评估外观设计将来会催生出的市场价值后决定实施此次支援，这也是对设计行业的首次融资。

"我们想拿出新担保的案例并且对设计业界进行了调查，

结果发现对方无一不听说过 h concept 的评价，虽然以设计作担保令人难以想象，但同时，如果无法偿清资金，外观设计权将被转移。我们也将这一事实告知了 passkey design 公司，他们认为以融资的形式获得认可会赋予设计以新的价值，并决定接受融资"。正如名儿耶董事长所决定的那样，"不贷还不上的款"，截至 2011 年，他们利用 5 年时间偿清了贷款。

避开主要交易银行来申请贷款

看到新闻上来自日本政策投资银行融资的报道后令人大吃一惊的是，这是 h concept 的主要交易银行的担当者。主要交易银行掌握着企业所有的支出和收入，比如薪资以及对工厂款项的支付还有客户的汇款等，而这里反而没有批准借款。他们主要从当地的信用金库以及从东京都以低息贷款，或者凭借以大型城市银行为主要交易银行的信用度从其他银行贷款。

迄今为止，他们从未出现危及公司存亡的赤字决算。在作为股份公司增加资本金的上一年度，他们没有单年度核算，而是对累计赤字进行了清算，不过那也是在对业绩没有影响的范围之内。利润当然是在不断变化的，尽管如此，他们依然以创立 10 周年为里程碑，开设了实体店铺，获得了重大成长。

只要遵循计划经营

　　开设于藏前的直营店"KONCENT"在财政上也是个挑战。"但是，考虑到长远的发展，这里将成为商品出售的实际体验场所，而且我们还要以此来回报地区社会，否则就会沦为只是在这片土地上赚钱的普通公司而已。我们创业于台东区，而且在某种成功上获得了成功，那么现在不正是我们应该促进地区社会茁壮发展的时候吗。不能期待存在于别处的其他巨大力量，去依靠他们的带动。既然已经通过'SPEAK EAST'等活动给地区社会带来了活力，h concept 就应该有决心让实体店铺成为新的起点"。名儿耶董事长在不断实现着他的构想。这对于人才的培养来说也是非常必须的。

　　店铺是在销售担当中森大贵经理的希望之下而开设的，据说他常常询问员工"想做什么"。之所以从设立当时就采取年薪制的薪酬体系，也是因为他们期待大家都拿出能够自我评价的工作姿态。他们衷心希望，"首先尽全力做好在公司内部能做的事情，并且得到与此相应的报酬——我们希望这样的人才能够在这里工作"。他们会根据上一年度的成果和员工本人的希望来决定随后的安排。在目标达成时，他们也会保证在年度末期颁发决算奖赏。

"利润随之而来的说法是不可信的。但是，好工作却会带来利润，这是事实。只要忠实地遵循计划经营，明确下月、来年如何运作资金就行。没有计划而盲目前进则必然碰壁无数。只要确定计划，随后按计划推进即可"，名儿耶董事长饱含着对设计的热烈感情，淡然地阐述着经营者的经营思想。他既是通过共同研发设计不断推出热卖商品的设计策划人，又是领军投资企业的代表人物，这其中所必须的素质应该就是平衡感吧。他既不是优先考虑资金运作而忽视创造性，也不会只追求设计的价值而损失利润。

创业至今他们走过了10年时间，下一个10年，他们希望实现"分公司化"。即 h concept 将以创业时最需劳力的财务性部分为后援，将与设计师的共同研发以及设计咨询事业作为专业领域而加以独立。而用于设计的平台在经营方面也会继续成长为坚实的基础。

第 7 章

对话

　　首个直营店"KONCENT"的开设会对与一直以来长期合作的零售店的关系造成什么影响呢?

　　从代理众多 +d 商品的"AssistOn"店主大杉信雄和名儿耶秀美董事长的对话当中发掘今后的发展态势。

大杉信雄

AssistOn 店主

OOSUGI NOBUO 1965年生于三重县,毕业于京都药科大学。在就职于 apple 专卖店的同时,因其工作与世界上第一台 PDA 即 apple 的"Newton"的相关性,而于1996年在银座开设其专卖店 The Newton Shop,还开展着 Newton OS 的日语化以及应用程序、周边机器的企划开发。2000年,在东京原宿开设店铺 AssistOn,除数码产品之外,还涉及日常相关的产品,范围颇广。

名儿耶秀美

h concept 董事长

NAGOYA HIDEYOSHI 1958 年生于东京,就读于武藏野美术大学造型学部,师承丹麦设计师 Per Schmolcher。毕业后就职于高岛屋,担任宣传部空间陈列等工作,后来加入 MARNA。 2002 年,辞去 MARNA 专务董事一职,设立 h concept。

大杉 2003年5月27日，我第一次见到您。由于之前一直从事与设计无关的其他行业的工作，所以在店铺刚刚开设时，我对设计师没有任何概念和接触。那时候，只是听说h concept这个公司会发售很多有趣的商品。而且，当时已经发售了"动物造型橡胶辫绳"，但是却在日本国内没有积极展开销售，对此我想一探究竟，所以想见见您。

名儿耶 由于以前的工作关系，我对百货店、药妆店、家居用品中心、生协等所有流通渠道都有过接触。其中，越是与那些大型流通公司合作，其销售额往往也越可观。但是我却在思考，为什么没有什么利润呢。越是忙碌，心就越是分散。所以，h concept从开始就决定要与那些能够在同一视线上相互协商的店铺，建立起坚实的合作关系，使消费者真正感到愉悦。其中，我就听说过"AssistOn"这家稍显另类的店铺。它到底是怎样的别具一格呢？我很好奇，所以决定先去考察一番。

AssistOn

〒151-0001

东京都涩谷区神宫前 6-9-13

电话 03-5468-8855

营业时间 11:00-20:00

周日、节日 11:00-18:00

大型流通公司做不到的事情

大杉 当时,我们没有积极地代理日本产的商品,对此还是有所顾虑的。因为我们不想成为普通的杂货店铺,所以也没有从杂货相关的批发商那里进行采购。即使现在,我们也完全不通过批发商,这是我们最基本的立场。所以当时,并不知道日本杂货业界的事情,也对您的名字未有耳闻。

有一天,您带着当时的员工们笑呵呵地就走进了我的店铺。我记得很清楚,您拿起了"TAG CUP"的试制品询问我,"您觉得这个怎么样?"如今想来,那应该是"咱们合作的话您看怎么样"的潜在台词吧。咱们谈到了包装、颜色以及价格。后来,我们顺利地通过了考试,并且展开了交易。定期地对新商品进行发售,是从 2003 年下半年开始的。

名儿耶 我们也一直在寻找有趣的店铺。与其说是希望能找到代理店,不如说是在寻找共同参与、共同寻找问题点等信息,可以在制作产品时相互探讨的合作关系。

TAG CUP/ *塚本加奈惠*

我真正想做的是构筑设计平台。希望设计师、消费者以及零售店的人都能够参与其中。我一直都想建立起大家共同达成目的的盛大集会社区。

大杉 当时我还没有关注到，不过 AssistOn 虽然代理日本产的生活杂货很少，但是在为数不多的精选产品当中就有 MARNA 的"小猪锅盖"和"POCO"。虽然并没有直接相识，但是通过产品，与担任制作人的您，应该是从数年前就结下了缘分。但是由于您没有特意去强调这一点，所以我是后来才关注到的。

名儿耶 那是通过从 1996 年起实施的"杂货设计大赛"而开始发售的商品。

大杉 当时，我在《living design》杂志上看到"小猪锅盖"的报道，觉得很有趣，便打电话给厂商进行询问。所以首先认识了 MARNA。跟销售人员取得联系后，对方很惊诧："这款商品有那么好吗？"我极力陈述："非常棒。"发售当时，"小猪锅盖"售出最多的并不是我们 AssistOn。我记得以此为导火线，

三藩市 MoMA
San Francisco museum of Modern Art
设立于 1935 年，是美国西海岸首家以 20 世纪艺术作品为中心而展示的美术馆。为了与纽约近代美术馆（MoMA）加以区别，而使用 SFMoMA 的通称。

引发了其他设计店铺以及超市等的竞相销售。

名儿耶　该商品诞生的契机是杂货设计大赛,我在MARNA工作期间曾参与过3次。

当时有很多设计大赛,有不少理念和创意很好,却没能转化为商品,我觉得略为蹊跷。所以当时,我找到了在living·design centre工作的萩原修,提出了"希望举办以商品化为前提的竞赛"的想法。我说,"在较少的预算之下,想办法做成这样的竞赛。"能做出好商品自然皆大欢喜,而且手工制作的竞赛容易推进,MARNA的员工也会来帮忙。就这样,竞赛得到了改进。

让大家知道背后的故事

名儿耶　记得在刚刚走进AssistOn的时候,我已经先于问候而被商品吸引住了。特别让我吃惊的是,有那么多与数码相关的我没有见过的商品。我觉得这个店铺真是太棒了,并且开始与您攀谈起来。

太阳能植物／早川贵章

大杉 在代理"动物造型橡胶辫绳"之后,我们与 h concept 的正式合作得以展开。实际上,有一天我站在店门口,有位客户拿着"动物造型橡胶辫绳"跟我说:"你们代理这个吧。"他在三藩市 MoMA 店铺里淘到了这款商品,拿回酒店后发现包装背面赫然印着"Made in Japan"。于是我即刻在网上进行了检索,但是一无所获,那的确是最初期时候的状况。

名儿耶 其实网络是我们最初格外投入了心血的。

大杉 就在不知道怎么才能展开其代理销售的时候,我认识了您。

名儿耶 客户为我们做了销售工作,真是感恩不尽。

大杉 客户也为我们描绘了 AssistOn 的风格。我们从不因为是 h concept 的商品而强行代理。即使针对这款商品,我们也是经过了严格的探讨。实际上,"动物造型橡胶辫绳"的销量很不错,随后推出的"水花收伞器"和"太阳能植物"也是得到了客户"想要这个"的反馈。

POCO
由 MARNA 发售的厨房用海绵。在 2000 年举办主题为"这些小工具让你做家务时也能精神百倍"的杂货设计大赛当中,该产品荣获大奖。它具有吸盘式的专用底座,可以插入海绵孔中并保持其清洁。

小猪锅盖
由 MARNA 发售的硅胶制锅盖,一体成型的小猪鼻孔是用于释放饭菜水蒸气的气孔。该创意荣获 2002 年优秀设计奖。

另外，我们以前都在代理其他厂商难以制作的商品，所以凡所应有无所不有。而现在的主力商品，在当时我们却是一副"还有这种商品？"的态度，陈设在店里的时候，客户也是"居然有人能做出这种商品，太厉害了"的反应。

名儿耶 "+d"的商品的开发背景中肯定是有故事的，有很多人都是因为这样的故事而喜欢上这些商品的。所以，AssistOn也非常重视其背后的故事。不仅仅在店铺运营方面，就连您在个人网页的介绍文中，也对商品的背景做了非常深入的挖掘。所以，反而是我要极力委托您来代理。你们的店铺不仅在向客户传达我们的心声，还在积极地拓展销路。

大杉 我觉得并非所有客户都想了解商品背后的故事，因为那不是最主要的。不是所有客户都会对其生活用品的细节信息产生兴趣。也许会有人觉得反而这些信息令人"烦扰"。

名儿耶 但是，您不会想把商品卖给不喜欢这些令人"烦扰"的信息的客户吧？

大杉 嗯，当然了。我们也并不是要抬高姿态，只是

萩原修（HAGIWARA SYU）

设计策划人。自1993年起参与living design Centre OZONE的创建活动，直到离职前的这11年间，他策划过300多场展览会，还曾参与展示间以及杂志的筹办。现在，主要从事KAMI的工作所、中央线设计网络、西荻纸店等的企划运营事业。是TSUKUSHI文具店第二代店主。

觉得如果通过商品能够给那些深入思考的客户带去帮助会更好。

名儿耶 以前，100日元商品刚刚兴起的时候，我曾饶有兴趣地去购物。我觉得不管买什么都是100日元，感觉很棒。结果，买了3800日元的商品，提着重重的购物袋就回去了。可是，我根本没有打开袋子从中拿出过任何一样商品。家人也表示"这个用不着"，用不着的当然直接丢进垃圾桶。所以，21世纪不能再有这样的商品制作方法和销售方法。

知道其背后的故事，就会产生爱不释手的感觉，希望那些对于区区一款量产商品能够带着情感去使用的人多多购买，我觉得甚至有人会终生使用。甚至有客户曾来咨询求助："我很喜欢，但是它却坏了，你们给想想办法。"

大杉 这样的咨询求助的确非常之多。

名儿耶 最多的应该是"太阳能植物"吧。负责销售的中森也想多卖出一些，而喜欢这款商品的客户又特别多，所以当时就在公司屋顶上摆出一排来充电。我们会回收那些被投诉的商品，而把充满电的商品再送还给客户。但是过了二年就发现，"已经有心无力了……"。虽然大家都很喜欢这款商品，但是实在是另有苦衷而不得不终止。

希望创建"出口"

名儿耶 最近，我明显感觉到像 AssistOn 这样的店铺越来越少了。日本在不断受到美国化的影响。曾有一段时间，美国新开了许多独具个性的店铺，现在则只剩下大型流通公司，无论走到哪里都是"Crate & Barrel"和"The Container Store"，也同样都是些主要的租户，陈设着同样的商品。

比如，一根萝卜怎么吃才可口，在互相学习探讨之中出售商品的环境现在已不复存在。虽然不能说是完全销声匿迹，但是，在追求高效率的当今时代里，如果日本还是一如既往的状态，等到觉醒时将会发现，AssistOn 这样的店铺已经在消失了。所以基于这样的考虑，我希望自己能够独立创建起店铺这样的"出口"。

Crate & Barrel
1962 年在美国伊利诺伊州芝加哥近郊开设 1 号店，是一家家具、日用品、室内装饰杂货的零售连锁店。以北美的大型购物商场为中心，开设有 100 多家店铺。

The Container Store
以美国德克萨斯州为中心，在全美开设有 50 多家店铺，是一家收纳用品的专卖连锁店。具有保管、输送、旅行、礼品包装等各个种类的收纳捆包用品。

大杉 的确,现状与多样化是背离的。虽然有很多令人称赞的出彩商品,但同时也在强调从结果上排除其他商品的构架。喜欢数码的人可能会做诸多尝试,当他们发现小小的不足时可能会无比欢喜,他们会从不同的角度享受这些商品带来的乐趣。但是如今,这样的做法已经不存在了。从某种意义上来说,无比精良的设计和无可挑剔的服务只是在制作主流而已,已经被动呈现出一种排他倾向。

比如,在以前的秋叶原,钻入街边小店和店主攀谈是非常令人舒心的事情,虽然有时候也会小有不悦,但这也正是它的魅力之所在,会让人还想再去。而且价格并不是统一的,有时候会提前发售某些新商品。但是如今都已经均一化,连信息也都均一化了。

名儿耶 的确有很多对这样的零售呈现出来的不满情绪。但是,因为我自己没有经历过,所以也对此不置可否。我就想索性以10周年为契机,尝试去挑战一下"出口"带来的苦楚和问题。

能买的就好，买不了的就不好？

大杉 在刚刚创建 AssistOn 的时候，我决定不进入大型流通公司，所以只能靠自己的力量去开拓商品。我们还去美国淘货，当时花费了不少心血。盈利是不太可能的。如今，我们也不改初衷，并非不想走主流路线，而是我们认为，如果不尝试主流之外的商品，就有可能无法实现自己的独特性。所以我们一直在挑战从结果上看貌似困难重重的事情。

从这层意义上来说，自然而然地我们就汇聚起较为小众的客户群。我们明白大家都在寻求令人更加愉悦、更具深层思想的商品和服务，因此也一直在朝这个方向努力前进。虽说自身得到了锻炼，但是却一直都处于蹬踩单车踏板的状态。

名儿耶 您的梦想或者目标是什么？

大杉 我没有设定目标。我所关注的只是眼前的这些商品。每天，当这些我们精挑细选的品味小众的商品送来的时候，我们都在不断思考，开动脑筋，看如何才能把这款商品的独特魅力传达给客户。+d 的商品从长远看来，其品质也是在不断提升，设计师也都在把握着 +d 的品牌风格的同时不断进行着自我挑战，还有对价格的追求等，所以也有些经济实惠的商品。这种情况下，我们就必须大量出售较为便宜的商品。

AssistOn 的官网上，无论针对 500 日元的商品还是 5 万日元的商品，其网页制作时间几乎都是一致的。所以，如果不能取得其 10 倍甚至 100 倍的利润，店铺就会垮掉。不过，我们虽然没有只做小众市场，但是却一直都在自我鼓励，倾心付出大量销售 500 日元商品时所需要的努力。

名儿耶　反过来说，正因为是网销，所以才能顺理成章，也有这个因素吧。如果实体店铺需要花费 30 分钟时间去销售 500 日元的商品，那肯定是不行的。

大杉　诚如所言。

名儿耶　网络销售当中，在付出同样的劳力和时间时，比如 5 万日元商品来说，只要努力大量售出 500 日元的商品就行。

大杉　虽然收到 AssistOn 的商品昂贵的反馈时我们会有些

AssistOn 的官方网站

URL http://www.assiston.co.jp/
AssistOn 致力于通过网络进行销售。
除了年末年初时节之外，全年营业
不休息，还可以接受电话订购。

不悦，但这也是受到了时代风潮的影响。必须要找到这样类型的客户，他们会认为"这款商品的简介听上去很不错，500日元就能买到吗？那我要10个。"如今，商品普遍降价，但还是存在商品越好、价格越贵的思维惯性。

另外，也是今年的倾向吧，我觉得有股风潮令大家觉得能买的就好，买不了的就不好。我们年轻的时候，常常会在杂志上看到非常时尚的相机的介绍页面，虽然对于自己来说既不是必需品也不会使用，但是却会产生强烈的憧憬，有一天要买一台并学会使用。可是现在，却是"自己有能力购买的就是好的，生产那些我买不了的商品的人都不好"这样的价值观在逐渐蔓延。没有对高级正品行货的向往之心。

名儿耶 这么多年，很多时候我都想创作出可有可无的商品。如果只考虑制作必需品，就会变得极端和僵硬。并非出于必需而购买，是因为喜欢，因为想要这个。如果大家都没有这样的思维，人生将变得惨淡乏味。

创作"Cupmen"的契机也是源于勤勤恳恳在建筑设计事

务所工作的员工带过来的看似肤浅的创意。虽然简单但是很有意思，所以我决定做这款商品。在社会性萧条不断持续的现状中，所有厂商都在努力做那些绝对不会失败的事情。所以，h concept 也要努力。谁也不会因为没有帮你固定方便面顶盖的小人而活不下去，但是有了它，心情就会得到片刻的舒缓和放松。正因为没有人对此进行开拓，所以才会出现雷同和模仿。

大杉 AssistOn 是在第一代"iMac"问世的时候开设的店铺，当时我受到了 apple 产品的强大冲击，特别是其品牌的存在方式显得与众不同。开店的时候，我就明确提出自己的理念，我们需要的不是别人强加给我们的。我甚至想过，要自己创作品牌，传统的做法是为了得到名牌商品而努力工作赚钱，以此商品来进行自我表现，但是我们希望能够在周围收集起我们自己认可的商品。

即使是 500 日元的小商品，因为能够买到而感受的那种幸福实际上与买到高级且经济能力达不到的名牌商品时的幸福感应该是一致的。

第一代"iMac"
Apple 于 1998 年 5 月公布、同年 8 月发售的显示器一体型桌面机。5 种外观颜色和圆润的形状让人感到前所未有的亲切感，这样的设计给 PC 周边产品以及其他商品带来了巨大的影响。

比如，有的厨房用品既外观时尚又具备最新锐的设计和功能，非常不错。是否适合自己的实际生活需要，这尚且不论，但仅仅是将其摆设在自己的厨房里就能享受到时尚生活空间这一点却是不争的事实。

即使不是价格高达数万日元的道具，树脂制的略带幽默感的日用品也能够让煮饭变得快乐，作为礼品也能赠以其愉悦感，从这一点上获得的满足感来看，两者是同等的。正因为如此，我们才一直都致力于从 AssistOn 的视点带着特色和魅力，向客户传达我们精心挑选的商品。

愤怒的感情不会带来任何创作

大杉 虽然当面这样说好像很失礼，但是我从没有见过您生气时候的样子。不，即使眼神已经流露出了愤怒感，但是态度却依然温和，这样说应该更准确一些。我很气愤地发邮件给您说"怎么又有人卖这种假货呢"的时候，您也很多时候都是淡然处之的态度："算了，没办法啊。"我经常大声且不冷静地

正因为这款商品的存在,才感到放松和舒畅。必须有人开拓出这样的道路……

对店员们讲话,在您面前我甘拜下风。

接待客户的时候,我觉得那些专门花时间愤怒抱怨的人是希望受到关注的。所以我就常常思考幸福的感情来自何处。您常常说想用有形商品来表达幸福。或许 h concept 的商品不是生存所必须的,但却是让心情变得幸福所必不可少的。

名儿耶 真正的幸福不是活着,而是享受活在当下的瞬间。

您所说的设计平台应该是一种"和"的状态。

活着本身是一件很不容易的事情,如果缺乏享受当下的心境和余地,人生将无比之惨淡。您也有这样的同感吧?

我也曾经满腔愤怒。特别是面对国家以及政府机构时,我常常会觉得不应该是这样!但是,单纯的愤怒不会带来任何的改善。只能自己付出行动去寻求改变,自己行动起来,才能够影响周围也随之改变。

大杉 零售店缺乏趣味的原因之一是不想令客户生气。如果一味推行减少投诉的对策，就容易出现偏颇而努力成为平日里不被投诉的店铺。如此一来，就会按照行业手册去待人接客，从而变得均一化，失去特色。特别是美国，为了保护消费者而设立了无论如何都可退货的制度。所以才会出现均一化，制作产品时会顾及到接受退货也不能有太大的损失，以此确定商品的价格定位和品质，并且接待顾客也要一律平等。

名儿耶 顽童很难做到不被投诉。为了不被投诉而勉强做到极致时，往往能够看到对方的本质之所在。我常常对员工说，"是否会被投诉，你先尝试一下""被投诉时带着素直之心真诚道歉就行"。但是，我们就是要以顽童的状态去经营h concept。为了不被投诉而去努力的话，往往会变得中规中矩，让思维受到条条框框的限制。

大杉 "被投诉怎么办""不能被投诉"，带着这样的思维去接待顾客是没有做到爱顾客的表现。

名儿耶 今年2月份，有零售店希望我们在卖场举办展

无论如何都可退货的制度

在此，意指美国出台的"Return Policy"制度。具体是说，零售店购入后，在一定期间内不论出于何种理由均可退货退款。由此而产生的费用由制造业者或者批发商负担，不仅如此，这也是美国大量消费的有力支撑。

会。h concept 的销售人员甚至表示"已经找到了最好的场地"。但是,我却大发雷霆。"不行!",我说,"你难道不知道吗?现在正是国内样品集市和海外展示会集中举办的时期,大家都没有这方面的准备,而且卖场也没有什么新的动向,要在这个时候吗?如果对方真的希望我们举办展会,就会选择最恰当的时间并征得我们的同意。"看似我对员工发了火,其实真正让我生气的是客户。不应该是这种不合时宜的模式啊……h concept 不会推出老实本分地随大流出售的商品。

大杉 一般来说,志趣相投的朋友之间相谈时,往往会说"你那样不对啊"之类的话,这应该属于思想的交流吧。在信任对方的想法时才会说出自己的观点,也会听取对方的意见。如果出于生气懊恼的心情而想要制服对方的话,是不会那样说的。所以设计当中,不会有充满怒气的交战或讨论,大家是在群策群力的商量之中推进商品制作的。虽然只是推测,但是我感觉 h concept 的商品就是在大家相互之间的协商当中诞生的。

展会
零售店或者销售卖场中限定期限举办展示并销售商品的企划。h concept 也会结合新商品的推广和季节性的用途而常常举办这样的展示。图为 2010 年 8 月在"On Sundays"(东京·外苑前)办展时候的状况。

名儿耶 我觉得你说的这个生气和不生气的表达很有意思。我也觉得设计应该有更大的范畴。如果万事万物都能从设计的角度加以思考的话，就不会再有生气的必要了吧。

零售的力量

大杉 您所说的设计平台应该是一种"和"的状态。

名儿耶 我认为只要大家能够齐心合力，在同一方向上前进，就能够形成良好的项目团队。虽然听上去很简单，但是 h concept 就是希望消费者能够感到愉悦。

只不过，愉悦有很多种。没有构筑起信赖关系的人，在这个平台里会感到不适并且很快离开，个人要有足够力量才能成立。从某种意义上来说可能比较温和，但其实是需要坚强意志的。

大杉 +d 的商品即使出现问题并接到顾客意见时，也能够展开积极的沟通。最初有很多价格较高的商品，虽然从 AssistOn 来看并不至于损失顾客，但是问题也不在少数。不过，

袋鼠口袋
/ 澄川伸一

包袱皮包袋
/ Genta Design

很多时候我们在充分解释厂商的处理后，往往能够得到理解。作为店铺，我们也在努力构筑能够获得顾客理解的关系，即使初期有不良的反应，我们也会努力解释造成现状的原因。因为我自己也很想知道啊，比如为什么会出现这种状况等。

名儿耶 您总是能够首先发现新商品并且最先展开销售，同时也会最早发现问题。

大杉 对于"包袱皮包袋"稍微薄弱的部分，我们也是最早发现的。后来的"袋鼠口袋"和"pecon！"也是在发生最先损坏的较薄部分后马上通知你们的。"雪眼镜"也同样。发售时正值雪花纷飞的时节，订单大量涌入，但是却被告知无法生产。由于时间关系，中森销售经理只能将从生产工厂拿到的做好的货品直接送到店里，就像送货员一般。

名儿耶 委托对方做他们表示"做不了"的商品时，我们也在努力想办法，"这样做不就可以了吗"，在说服对方勉为其难的同时，最初的不和谐和不默契渐渐消失，并且向着顺利发展的方向不断推进。

雪眼镜
/ 马场威彰

pecon！
/ 澄川伸一

大杉　那种时候，h concept 势必会提供信息给我们，告诉我们这里出现了问题等。我们也会表示，"哎呀，那没办法，必须如实告知顾客"。但如果有一家流通公司介入的话，这样的努力就无法实现。

名儿耶　也不一定是那样。我一直都是越过流通公司在推广经营的。也可以通过批发商，无论如何出现问题时都要即刻通知店铺。有人会认为"那样会招来投诉"，但是我的态度是"投诉也没关系啊"。最重要的是解决问题。

大杉　从这个方向来回顾的话，您这 10 年的确是有过人之处。

名儿耶　哪里哪里，今后还要继续给您添麻烦啊……我们想做别人做不了的商品，那样才会突然迸发出幸福的感觉。如果有人表示没有这款商品我很难生活下去，那么我们会觉得诚惶诚恐而无法创作。但是"没有也可以，有则更好吧"，我们希望推出这样的商品。

大杉　作为零售店，我们总是满怀期待地以兴奋的心情等待着新商品。从直接与顾客沟通的店员的角度来看，出现问题的确令人难堪。但是也并没有讨厌的情绪。况且，也没有发生过一声不吭就下令"停止发货，就当没发生过"的状况。

名儿耶 在推出各种商品的过程中，我们提出"半个击球员"的口号。比如，和寺元公司合作开发的人工草坪垫"ShibaRug"。实际上这款商品销路并不好，唯有荷兰阿姆斯特丹的一间店铺疯狂热卖。所以今后，我们不愿意对零售商采取"卖不出去"的说法。只要有意义，就能够卖出去！

大杉 的确是这样。我也赞同。

名儿耶 那家店铺位于荷兰阿姆斯特丹，是一家名叫"Frozen Fountain"的设计精选店。我去当地考察时发现，他们在店铺外面的入口处铺设着人工草坪垫"ShibaRug"，在店里也有多处铺设，而且到处都堆放着这款商品。请教店主后才知道，冬季的阿姆斯特丹积雪较多，如果能够在玄关处加以铺设，就能够有效除雪。他赞叹说"这是一款很棒的商品"。虽然一张草坪价格达到9欧元，折合1000日元左右，绝非低价，但

ShibaRug / tidy

The Frozen Fountain
1985年成立于荷兰阿姆斯特丹的家具店铺。以设计师以及匠人的原创收藏为中心，销售国内外的室内装饰商品。

是他们却实现了以集装箱为单位的销售量。

接下来 h concept 也要开设零售店,是否这样的销售方式也行得通呢,我们也很期待。您也一直都在跟我说"我们想卖这个,怎样才能卖出去呢"等。

大杉 很简单的问题,就是如何迎击飞来的球。

名儿耶 很多人认为厂商就是要生产能卖出去的商品,而零售商的独特魅力就在于发掘已创作出的商品的优点并宣传推广加以销售。

大杉 作为卖方,希望厂商能够多多创作让人能产生这种想法的商品。也就是说是否能让人产生绝对要把投手的球打出去的想法。不管是快速球还是多变球,我都要打出去——类似于这种想法。

我们也有竞争对手,也有行业共通意识,比如即使是其他店铺没有的商品,我们 AssistOn 也能把它卖出去。比如 +d 的商品"KUSA",换做其他店铺肯定是很难畅销的,但是这反而激发了我们的销售斗志。

名儿耶　从商的确让我有种协调感。大家都从各自专攻的立场出发，认为我在这里能做得很好，那里交给我来做等。所谓设计，也就是包括这些内在的完成体吧。设计完成并不代表结束，如果不能请您也开动脑筋不断前进，我们也是得不到发展的。

在 h concept 的店铺里，最初我们曾经想尝试如何传达我们的商品所要表达的含义。这样的传达方式是贴切的——我们希望收到这样的反馈。对于一直委托给零售店的部分，我们也想获取相关的信息。

传达销售信息

大杉　AssistOn 在销售的时候还要顾虑空间的问题，所以不能对 h concept 的所有商品都面面俱到地介绍。估计其他的精选店铺也存在同样的困扰，大家都想尽可能地长期性合作下去，所以往往会陷入既想要代理多一些商品，又面临必须严格把握销售数量和销售额的两难境地。

KUSA/ 泷瞳、大畑友则

但是，一旦选定就能够彰显精选店铺的独特个性，这也是事实。精选店铺的优势之一就在于具备所谓的编辑要素。其中，也会有很多全面展示其系列却未能大卖的商品。比如 h concept 与 Ruboa 的合作商品"hmny""CORGA"等。

名儿耶 没有哪个零售店会把 hmny 和 CORGA 的商品全部加以陈列，所以我们希望在自己的店铺里做到这一点。阿姆斯特丹的设计精选店能够以其独自的视角和经验呈现 ShibaRug 的魅力，对此我们觉得很欣慰，同时也意识到不能全权委托给零售店。我们也必须积极地参与其中。当然，还是存在一些被挑选的落寞感。

大杉 是的。

名儿耶 不加挑选而自己尝试去做的方法也是很必要的。当 hmny 的品目相当多的时候，我曾向 Ruboa 强烈建言，"为了推广这些商品，最好在银座开店"，但是最终没能实现，因此我们才想要在自己的店铺里尝试各种方法。

持续的重复会让人产生厌倦感，必须寻求变化和突破。而

Hmny/ 宫城壮太郎
护腕 + 鼠标垫

开始行动起来后,则会发现各种状况。

中森销售经理先前就提出希望展开零售的想法。现在,除了中森之外,还有负责开发的鹤田和负责设计咨询的设计师砂口,他们3个年轻的经理是我们公司的希望。我想给员工机会,让他们认真去做自己想做的事情。

大杉　除了店铺之外,好像还有其他的吧。

名儿耶　以前我们一直努力设计出让消费者感到幸福的商品,意识到之后,把范围扩大到地缘产业等,不断增加机会,对他们宣讲"靠自己的脚稳稳地扎根"之类的讲演内容。比如在旭川,我们就认为,"隔壁那家的家具是旭川产的吗?不要想着在当地销售之前先走海外路线"之类的……

同时,虽然有这样刻意为之的态度,但我们也再次意识到,实际上在东京的商工业者聚居区还什么都没有展开,对员工也什么都还没有宣讲。所以今后10年里,我们首先要让自己生长的这块土地繁荣起来,员工也希望能够从事一些发展性的工作。

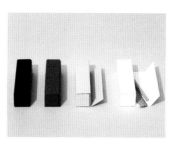

CORGA/砂口绫
笔盒

旭川

2009年起,名儿耶董事长开始担任旭川市,经济观光"旭川地域家具等室内装饰相关产业环球人才育成事业"的设计协调人。

大杉　这很令人期待啊。

名儿耶　用日语单词来描述设计的话，您会想到什么词呢？广辞苑里对设计的定义是"综合造形计划"。我曾经想用一句话来加以表现。在这当中，涉及3个单词。

首先是"形"。其次是"造"。这2个单词合并起来，已经很接近艺术的领域了，但是设计是需要考虑使用者的心情的，所以还需要"体谅之心"。应该是由这3个单词构成的。进一步深究这3个单词的组合含义的话，那应该就是"爱"了。

大杉　真是个浪漫主义者啊。我并不是设计专家，懂得也很少，无需置身于设计的环境，也不曾深入思考艺术和设计的区别。但是，我喜欢和顾客打交道，在受到时代流行的影响的同时，探寻顾客所期望的商品，这是我的兴趣。所以，我充分理解您说的这番话。因为我们的眼里都有顾客。

名儿耶　只有设计师去关注设计的时代已经终结。我认为现在已经进入设计这种思维方式和系统本身变得重要的时代。并非要像艺术家那样去发挥自己的个性引人注目，而是灵活应

广辞苑

"design"

1. 草图。素描。图案。2. 创意计划。探讨并调整产品的材质、功能以及美的造型性等诸要素和技术、生产、消费方面的各种要求的综合性造形计划。

对设计师身处的环境，为相关的所有人带去满足感，否则就毫无意义。21世纪的到来帮我们明确了这一点，希望设计师之外的人也能够进行设计性的思考并灵活运用设计。

所谓设计师，是在自己被称为设计师的那一瞬间才成为设计师的。这与学习和资格等毫无关系。我认为，您现在已经具有设计师的创意了。20世纪时，设计还是新鲜的特别事物。但是21世纪，就像空气和水一样，设计将会变成理所当然的存在。

不仅仅为规模所左右的制作方法和销售方法

大杉 我们在经营事业时，常常会用到战略这个词。但是，所谓战略，是以战争为前提的，是有种违和感的。意思是生意场上，即使对对方造成打击那也是无可奈何的。

名儿耶 曾经有人模仿优秀商品并使事业获得成功。但是现在，如果模仿他人的设计，一定会遭来恶评。同样的商品能够更低廉地买到手当然更好啊——这样想法已经在慢慢转变，大家开始重视原创，并且想在那里购买。动物造型橡胶瓣绳在全球有很多山寨商品，但是 MoMA 却向我们表示只购买 h concept 的商品。

特别是日本人的基因当中，就有尊重产品制作的这种价值观。以前，日本人曾被叫做"不说 NO 的日本人"，大家意识到说"NO"的时候会伤害到眼前的这个人，所以不这样说，但是大家在心里是有所判断的，其感情与带着设计性思考和情绪所接触的情感是相通的。

大杉　不想伤害眼前的人，不生气，让对方开心等，与这些善解人意的体谅之心是接近的。有时候，精选店甚至会因为具体的情况而在竞争中采取措施不让对手落马，这也是其本领之一。比如，h concept 要开店参与竞争的时候，没有哪个精选店的店主想着要"击溃它"。如果从"战略"的角度思考事业，就会陷入如何给对方以致命打击的思维当中。但是，只有大家共同提高，才能形成良好的市场环境。

名儿耶　这一点必须在大家心里形成共识。

大杉　市场不是相互撕斗的场所，如果没有精选店，则一切都将终止。书店也同样。如果书店之间相互残杀斗争，那么，从结果上来看，缺乏个性的书店和大型旧书专卖店会残存下来，这会对图书本身的魅力造成影响。设计精选店也是小型市场，如果那样厮斗的话，所有店铺都会瞬间崩溃瓦解。

名儿耶 只追求效率和销路的厂商是生硬的。现在已经不是仅仅被规模所左右的时代，需要适合时宜的制作方法和销售方法。

大杉 设计风潮那样的形势在逐渐退却。消费者仅仅因为设计师的名气而买账的时代已经结束。

名儿耶 希望掀起真正意义上的设计风潮。较之数年前，现在已有明显变化。做大并不是正解。

大杉 AssistOn原本就从未想到过要展开多店铺经营。我们非常重视步法。

名儿耶 您言重了啊。很多人走进AssistOn后，没有1小时是出不来的。有事的时候只能匆匆走过而不进去，不然赴约迟到就不好啦。对于我来说，都会禁不住想买很多。当然，这样的店铺是越来越少了。

h concept 的店铺也在考虑进军海外市场，并且在国内的地方城市不断扩展。当通过运营找到诀窍的时候，我们希望能够在全国范围内开设 10 家店铺。对此还没有做具体的思考，不过如果能实现的话，应该很令人开心。不必要特意集中在东京地区。

不能以为自己已经知道

大杉 如果不能做到每两周推出一款新品，店铺就会比较煎熬。对此，你们是怎么做的？

名儿耶 我们也有这周想卖这个，下周要推那个的销售方法。

大杉 原来如此。我也会跟店员们说，不要把"卖不出去""没有商品"作为推辞。既然有这么多商品，那就应该相应地有很多通过介绍厂商以及介绍用途而给顾客带去新鲜感的方法。这是由销售方法决定的。

名儿耶　我们有很多连续 10 年都在制作的商品，偶然也会接到"已经卖不出去了"的反馈。但是要注意其区别。很有可能是卖场的人出现了厌倦感。

比如，在讲演会上，我会询问听众"有没有人听说过动物造型橡胶辫绳"，结果举手的人近半数。再问"买过的人呢"，就只有不到 10% 的人举手，即使是现在。所以，真正产生厌倦感的是处于正中心的团队，其实还有很多对商品根本不明究竟的人。

大杉　就像被提醒说"你们看上去好像都以为自己知道了啊"是同样的感受。作为我来说，反而很想尝试其他店铺代理的商品。能够卖出去 AssistOn 独有的商品，那是理所当然的。但是，每当"动物造型橡胶辫绳"的品目数量增加时，我都会更新网页内容，增加相关信息。这也正是"不认为自己什么都知道"。

名儿耶　在不同的立场上将设计师和各大工厂的人以及厂商相互连接的同时，也要考虑与消费者直接接触的店铺这个"出

动物造型橡胶辫绳的网页

在 AssistOn 的官方网站上，大杉店主会亲自执笔撰写代理商品的简介信息，并拍摄图片写真。其独创性和丰富的信息量往往会刺激消费者的购买欲望。

口"。像你们这样有趣的店铺现在越来越少，所以我觉得从入口到出口从一而终做下来是能够明白一些道理的。这才决定开始零售。

设计咨询需要与地缘产业有所接触，我常常会提到市民荣誉感这个词，那么，如何提升工商业者聚居区的居民荣誉感呢？在去年参展的"SPEAK EAST"上，我们接触到了很多层面。在我看来，比起建造出来的城市而言，创建出那些自然而然汇集起众人的街区、我们休养生息的这个工商业者聚居区等人们自主地汇集起来的场所才是更加重要的。不能命令别人去做，我们首先要自己尝试着行动起来。

Civic Pride
市民对城市的自豪感和热爱。源于19世纪英国城市受到重视。

拍摄于2012年4月"KONCENT"店铺内

h concept

公司名称	h concept 株式会社
所在地	〒111-0051 东京都台东区藏前 2-4-5
电话号码	03-3862-6011
资本金	3000 万日元
设立	2002 年 2 月 5 日
董事长	名儿耶秀美
员工人数	16 名
销售额	非公开
主要业务	家庭用品、生活用品的企划制造以及批发零售业 家庭用品、生活用品的进口批发零售业 设计·咨询
URL	http://www.h-concept.jp/index.html

KONCENT

店铺名称	KONCENT
地址	〒111-0051 东京都台东区藏前 2-4-5 1F
电话	03-3862-6018
营业时间	11:00-19:00
定休日	每周一
URL	http://realshop.koncent.net/

名儿耶秀美（NAGOYA HIDEYOSHI）

1958 年生于东京。在就读于武藏野美术大学造型学部的同时，师承丹麦设计师 Per Schmolcher。毕业后就职于高岛屋，担任宣传部空间陈列等工作。后来加入 MARNA。从事设计策划、制作、市场战略以及经营等工作。

2002 年，辞去 MARNA 专务董事一职，设立 h concept。以制作产品让消费者和设计师都收获快乐为宗旨，与设计师共同研发推出"+d"，开始拓展全球性的销售。

2012 年，在东京都台东区藏前开设店铺"KONCENT"。作为设计策划人，除了自有品牌"+d"的商品开发之外，还致力于设计咨询业务、商业开发咨询等工作。

武藏野美术大学工艺工业设计学科客座教授

2000MAN KO URERU ZAKKA NO TSUKURIKATA Written by Nikkei Design.
Copyright ©2012 by Nikkei Business Publications, Inc. All rights reserved.
Originally published in Japan by Nikkei Business Publications, Inc.
Simplified Chinese translation rights arranged with Nikkei Business
Publications, Inc. through CREEK & RIVER Co., Ltd.

湖北省版权局著作权合同登记图字：17-2014-013 号

图书在版编目（CIP）数据

畅销 2000 万个杂货的设计制作方法 /（日）日经设计　编　董航　译
一武汉：华中科技大学出版社，2013.9
ISBN 978-7-5609-9401-7

Ⅰ.①畅… Ⅱ.①日…②董… Ⅲ.①畅销商品—产品设计 Ⅳ.① F76

中国版本图书馆 CIP 数据核字 (2013) 第 233872 号

畅销 2000 万个杂货的设计制作方法　　[日] 日经设计　编　董航　译

策划编辑：罗雅琴	
责任编辑：高越华	
封面设计：北京嘉泰利德科技发展有限公司	
责任校对：唐三工作室	
责任监印：周治超	
出版发行：华中科技大学出版社（中国 · 武汉）	
武汉喻家山　邮编：430074　电话：(027) 81321915	
录　　排：北京嘉泰利德科技发展有限公司	
印　　刷：北京科信印刷有限公司	
开　　本：880mm×1230mm 1/32	
印　　张：6	
字　　数：100 千字	
版　　次：2014 年 5 月第 1 版第 1 次印刷	
定　　价：46.00 元	

本书若有印装质量问题，请向出版社营销中心调换
全国免费服务热线：400-6679-118，竭诚为您服务
版权所有　侵权必究